U0826021

巴行漫步

——旅行不寂寞

朵拉/编著

北京大学出版社
PEKING UNIVERSITY PRESS

独自旅行不寂寞

一本书，带你探寻国内最美的城市，一个美丽的声音，为你讲述发生在美丽城市里的动人故事，温暖的午后、美丽的城市、动人的声音。

声行漫步

一个人的旅途 不会寂寞

每个城市都有你不知道的故事，每个城市都有让你感动的细节。不同的表情，陌生的面孔，新奇的见闻，只要你愿意，就能够发现不一样的世界。

给你的城市来一次独特的声音的旅行吧！跟随一尾音波，在精心设置的线路中，地图上的标识，我们会一个个去实现，用听感去触摸历史的凹凸，人文的温暖，和内心的柔软。

我，将跟你，一起穿越城市的纵横阡陌，迷失在心灵的神秘花园中。

开启这段声音，不需要太多负累，只需要带上一颗探奇的心，就可以轻装上路了。可以在熟悉的城市，走不熟悉的街道，看不一样的故事；也可以走很长很长的路，在更远的地方，开出绚丽的花朵，给自己，给他人。

这样的心悸，最适合一个人前往，或许又会在路途中碰到各色面貌鲜活的同伴，在星点的光影与片段中，记录那些弥足珍贵的瞬间。在音波交织的城市上空，一样的是湛蓝，不一样的是心情。

一个人的旅途，不会寂寞。

和自己去旅行，你可以的。

我，将用声音，带您走入一场不同以往的声色之旅。同样的城市，不同的故事。在舒缓的音乐中，在朋友般的诉说中，在别致的路线设计中，一个人，也可以穿越时光隧道，跨越物理距离，跟上这个城市独特的脚步，做一个声音之旅的漫步者。卸掉重重的行囊，甩开忧虑的包袱，我们，即刻出发。

用耳朵捕捉旅途的讯息，体味不一样的快乐。声波的起落不定，心中却满是期许。在某个城市驻足停留，穿梭于纵横街巷，咀嚼玩味城市深处的秘密。那些再亲切不过的小巷，像是镀上新妆，真实虚幻，现在未来，都在此刻交集，即便是琐碎，也平时而生动；那些风景、繁华，恍若隔世地鲜活，它离我们又远，又切近。

静静聆听，徜徉在声音世界的交织。就像跟随精灵手中的魔法棒，闯入那一个个陌生又熟悉的地方。旅途中的那些故事，那些感动，一点一点，在我心中荡漾，激起一圈又一圈的涟漪。那些温柔的波澜，是声波的起落，是内心的遐想，伴你走过一站又一站的旅行。

目录

1

如歌·桂林

31

恋恋·杭州

61

印象·成都

89

记忆·南京

113

神往·拉萨

143

风情·青岛

169

浪漫·三亚

197

婉约·苏州

225

清新·厦门

255

迷失·澳门

穿行在漓江的山水之间，淡蓝的天，石青的山，我们在透明的色调里寻找此生的灵犀；坐在阳朔西街的街角，望穿一路繁华，杯底沉淀的玫瑰酒色魅惑着你我的迷失；龙脊梯田的山峦上，可以看见妙曼的曲线缠绕着层层水田，倒映着橙色紫色的花斑；恭城的满山桃花，晕染着胭脂水色的梦。

桂林，这个上天给了太多眷顾的地方，让人憧憬，让人回味。就算多年以后，刘三姐的歌声还会像现在这样清灵，回荡耳畔，江边渔家女的眼眸依旧漆黑，闪烁着星辰的光芒。如诗如画的山水长卷，如诉如慕的渔歌浅唱。我，怎能忘记？你，可曾来过？

请让我和你一起，走进桂林。

Chapter 1 桂林

漓江·绿湿春衫

在漓江上，最适合乘一只竹筏，顺水而行。我会选择在兴坪的码头开始这一段的旅程。

江边的每一座山都温柔，像是画里走出来一样。用手指框成镜头，随便一个角度，随便一次定格，都比画册更美。

无论是晴空下的漓江，还是烟雨中的漓江，都叫人惊艳。而此时，我遇到了一场细雨，无声的，轻柔的。

烟雨里，漓江的水清澈依旧，白色青色的卵石铺满河床，一圈一圈的花纹，环抱着一抹化不开的雨丝在水底沉淀。坐在船头，细密的雨帘朦胧了视线，淡青色的天空，石青色的远山，孔雀蓝的近峰，薄荷绿的江水，这是一帧一帧用青蓝色调子铺陈开来的水彩插画，发光的颜色，明媚的忧伤，在云之彼端氤氲开来。

船上的游客，手上捏着一张 20 元纸币，我知道，他也在寻找那个记录在背后的画面。

江岸，一簇一簇的凤尾竹娇羞起舞。水中的倒影被融入水底的雨丝搅乱思绪。不用厚重油彩，艳俗脂粉，泼墨清淡的写意已经足够。岸上有村舍，农屋，岸边有闲暇的渔民，他们坐在竹筏上，望着天空的雨丝发呆。

涌动的春色，和着烟雨的雾岚一起润开。水面有鸬鹚低飞，岸边有红衫女子，牵引着我们的目光，是生动，还是惆怅，每个答案都不会一样。几串湿漉漉的鸟鸣，从绿阴丛中弹出，把临水的青峰，拭擦得几近透明。是不是变成岸边的一株草，一棵竹也很好，能够摇曳在这浓浓的春意里，沉溺在飘飘渺渺的梦境里。

脚下，有清浅的江水，咕噜咕噜地从竹筏的缝隙里冒出来。才发现，呵，还在现实里嘛！

撑船的船夫说，这里是斗鸡山、净瓶卧江、父子岩、磨盘山……每一个奇特的名字背后都有一个动人的传说。望夫石自然掩藏着关于凄美爱情的故事；群龙戏水就跟沉香潭和八月两岸飘香的桂花有关，这也是桂林的由来。这些故事不知流传了多少年……

船在碧波行，人在画中游。从前看到的那句话，让我惦念好久。半边渡的石壁险峻，每一簇峰峦都像一支支出水的莲花，濯清水而不妖，不需要顾影自怜，已然有妍丽的容貌。

听风听雨，雨声渐停。点点阳光洒向水面。

那里就是九马画山了。一大片的悬崖，交织着红、白、青和黑的纹理，组成了渐变的水墨画、九马图。

漓江从前就流传着这样的歌谣：“看马郎，看马郎，问你神马几多双？看出七匹中榜眼，能看九匹状元郎。”古往今来，有多少人对它流连眷恋，徐霞客来过，大赞连赤壁也比不上漓江水的壮丽，清代的两广总督阮元也五次路过这里，却都没有数清画山的马。如今驳船上岸的话，你还能看见饮马泉边，有阮元题词的“清漓石壁画”的刻石。

一匹，两匹，三匹……你呢，数出了几匹马？身边的船工笑而不语。三番两次地请他指点，他只肯比划给你看第一只，第二只，第三只，然后，就再也不肯说了。

听说，能看出来九匹马的人都很有慧根。周恩来总理就是其中一个，他第一次来漓江上泛舟，就辨认出了九匹马的身姿。中间凌空而起的那只最清晰，石壁底下的两匹俯首饮水的马驹也算神似。那其他的呢？它们，始终是我心中的谜。也许未来的我们，会找到解答。

船，到这里折返。回程的水路，看到望夫石越来越近，阳光里，她等待着望穿秋水，望断天涯！远处，山峦勾勒出金色轮廓。

就这样，随水漂流，有一刹那，真想把人生的旅程都交给了这个竹筏，浪迹天涯。

十里画廊·骑行

骑一辆自行车，插上耳机，带着一尾音波，一曲旋律，开始我们的旅程。

十里画廊，有蝴蝶泉、月亮山、大榕树、图腾古道……一路的好风景足以让你放慢脚步。

我喜欢沿途的橘树叶散发出来的蜜橘清香，我喜欢身边挂着“王记风味大排挡”的二层农舍，我喜欢路边的大黄狗和小黑猫追追咬咬地嬉戏，我喜欢落日的余晖融入墨绿果林里的暖黄。这样速度，不会太快，不会太慢。

阳朔最好的田园风光，最淳朴的民居生活，就这样不经意间闯入心中。

沿途有一座月亮山，远远的就能看到，尖尖山头，一枚半圆的孔洞镶嵌其中，就像是一弯明月。听说山下有一条赏月路，随着线路延伸，几分钟就能看到一整月的朔望变化——新月、蛾眉月、半月、圆月、半月、残月……月圆月缺，只在瞬间而已。不过，现在更多的人为了攀岩而来。因为喀斯特地貌的关系，月亮山的石壁像蚂蜂窝一样千疮百孔，正适合徒手攀爬。

月亮山下，有小巧的农庄，粉嫩的蔷薇从泛黄的竹篱笆上低垂下来，带着温馨和惬意。农家也兼营餐饮，山上采摘的蕨菜鲜绿欲滴，自家种的长豆角，紫茄子，都饱满透亮。我想，就算只是坐在花阴下，数数漏下来的光斑就很满足。

不过，我们还是继续前行吧！

在你的左手边，你会路过一个叫“大榕树”的公园，那里边有好大一棵的榕树，当年刘三姐和阿牛哥定情的地方。听说，到树底下许下爱情的愿望会特别灵验。

刘三姐的传说太多，我说一个我听到的。刘三姐生在漓江边，不但美丽聪慧，歌声也很动人。她常常用山歌为百姓鸣不平，妙语连珠巧斗地主，受到了穷苦大众的拥戴，也因此触犯了当地的土豪劣绅。财主莫怀仁怀恨在心，企图禁歌，却被刘三姐和乡民们弄得丑态百出，大败而归。

刘三姐正是在大榕树下遇见了阿牛哥，俩人心生爱慕，情投意合。他们一定在皎洁月色下许过誓言，在婆娑的竹林里蜜语甜言。刘三姐唱出了《树缠藤》缠绵的歌声回旋在大榕树顶，穿透漓江，飘向远方。

不管她是唐代人还是宋代人，不管她遇见的是阿牛哥还是白鹤少年，也不管她是隐居在柳州的小山村还是骑着大鲤鱼飞上云霄。刘三姐始终是刘三姐，她在桂林漓江边传歌，在柳州鱼峰山下对歌，在宜州下枧河边打渔，在罗城山里织布绣花。

她的眉眼顾盼生辉，她的歌声婉转流淌。我始终相信，她是一直存在的，在过去，现在和未来。我只想遥遥回望，向传说和现实里的刘三姐投去留恋的目光。

她背着背篓穿梭在漓江边，抬眼看得见层峦叠嶂的青山，碧绿的稻田，潺潺的小溪和翠绿的修竹……就跟你我现在看到的一样，千年前的旧时光，和眼前的光影重叠在一起。亘古不变的是漓江的水，流淌不息，竹花开，竹花谢，渔火明明灭灭，还有对幸福的仰望。

一路向前，风灌进耳朵里，把白色衬衫吹得鼓鼓的，像是扬起的风帆，随时可以去到远方。

到蝴蝶泉看百千只蝴蝶翩翩起舞，到图腾古道体验古老部族的生活场景，到聚龙潭行船看瑰丽的溶洞，到火焰山看山壁上烈焰中跳舞的美猴王……到任何你要去的地方，离开你终将离开的地方，这样，就好了。

印象·刘三姐

每个来到桂林的人，都会念想起这个名字，刘三姐。

张艺谋用漓江的山和水，渲染出了一场光与影的追逐，200 多位本地的农夫、渔民参演的水上歌舞剧，演绎出了天地之间最美的山水画卷。这场视觉盛宴，关于刘三姐，关于漓江。

天幕渐渐泛黑，直到繁星闪耀。

灯光暗淡下来，清丽的歌声从宁静的夜色传来，宛如天籁。

“哎……

唱山歌哎

这边唱来那边和

那边和

山歌好比春江水哎

不怕滩险弯又多……”

美丽的壮族姑娘摇着竹筏，从水边缓缓行来。歌声，瞬间拉开了记忆的闸门，刘三姐的传说，漓江的美丽，都一点一点滑落心头。竹筏满场环绕，那些动人旋律，充盈到舞台的每一个角落，也流淌在我们心里。

她，是刘三姐吗？桂林的山给了她坚毅的魂魄，漓江的水给了她清灵的歌声。风，来了，云，动了。刘三姐，一个唱歌的精灵，在山水中诞生。风，停了，云，住了。她的歌声她的灵魂，徘徊在这青山绿水，不舍离去。

夜色层层沉淀，红色的火把满江飞舞，将渔网，江水，人们的脸庞，都映照上了火红的光。月色旖旎，踏着纤长竹筏滑行的男人们，在凌波的水光上起舞。他们，舞姿也许不够优美，却在这写意山水，火色音符里，演绎着淳朴和热情。

火红的水色，是火光冲天的峥嵘岁月，还是如今漓江人火红的日子？我不知道。我只是，静静地，静静地，看着这烟云朦胧处，潺潺流水中，那化不开的红色。它太壮丽，让人不由得屏住呼吸；它太震撼，让每个人怔怔相望；它太轻柔，容不下丝毫的懈怠；它太凶猛，红色的浪涛瞬间可以掀翻你我的思绪。

红色渐远，江面一盏盏金色渔火次第点亮。它们跟着水的涟漪一起摇晃。江中，一只只竹伐由远而近，筏子上坐着穿蓑衣斗笠的渔民，船头有他的黑色的鱼鹰。今天，他也满载而归了吧？

远古的渔火，穿越过岁月的夜幕，徐徐走近。它们在水中，在岸边，遥相呼应，泛起层层绮丽。渔火映照在渔家女儿漆黑的眼眸深处，就像是夜空的星辰熠熠生辉，那里一定闪耀着幸福泪光。

渔火纵深处，猛然传来清晰的牛叫声，宁静的小山庄在岸边摇曳的绿树下勾勒出轮廓，绿色印象，只属于漓江人的绿色家园。我知道，夕阳下，一定有吹着牧笛的小牧童倒骑在老牛背上；荷锄归家的农夫，唱着山歌大步流星；村口大树下，孩子在玩游戏，老人们摇着芭蕉扇乘凉。落霞，远山，炊烟，人家。白描的绿色，是最生动的漓家生活。

江心荡漾，如水的夜色，清秀的竹楼，健美的阿哥，俏丽的阿妹，从深蓝的幻境中走出来。蓝色的印象，叫做情歌。

男人悠闲地撒网打渔，也打捞着快乐的日子；姑娘们袅娜的舞姿，和着手腕上银铃的节奏叮当作响；情人间的山歌如痴如醉，唱响了几个世纪，让时间凝固，让山水定格。姑娘躲在闺房里钟情地织着绣球，掬起一颗相爱的心；恋人们羞涩地手挽着手，隐入了竹林深处，躲藏在云层里的月儿也不由得探出身来偷看，偷笑。

当一弯银色的新月从水烟迷濛的江心升起。披着白纱的少女在月亮船上翩翩起舞，她将要成为新娘。身边的家人挥手告别，月光依依，不知是谁眼角的泪滴，汇成满天的星雨。那凄婉的对歌，再次响起：

“山中只见藤缠树
世上哪见树缠藤
青藤若是不缠树
枉过一春又一春
……
连就连
我俩结交订百年
哪个九十七岁死
奈何桥上等三年……”

荡气回肠的歌声，荡气回肠的爱情，从不曾远离。

天蓝色的寂静，像是丝绸一般轻轻散去。最后的篇章，用银色书写，那些穿着银灯装的女孩子们，轻盈地从江面穿梭而过。

“多谢了，多谢四方众乡亲，我家没有好茶饭，只有山歌敬亲人……”

梦幻的、美丽的，戛然而止。此刻，曲终人散。

西街·等你，迷失

下午 5 点钟，在阳朔总能看见浮在天边的云，一朵一朵。阳光变成金色，临街的白墙房子，水流，绿树，都变成了金色。

街边，三三两两的情侣喁喁私语，让人的心情也变得分外恬静，为了别人的甜美而快乐。

西街跟你想的，一样，又不一样。一样是狭窄的街道，槟榔纹的石板街面，一样古旧的二层小楼，咖啡厅，酒吧，客栈，进进出出的人，南来北往的人。不一样的是很难找到那些曾在文字里眷恋的安静。因为太过嘈杂，白天，夜里，任何时候都人声鼎沸。

西街最多的，是酒吧，还有外国人。西街，是有很多西洋人的街。

街角那个声音爽朗的女孩说：nostopcar。阳朔的本地村妇毫不胆怯和金发碧眼的外国人打交道，他们用并不熟稔的 chinglish 侃侃而谈。也许，那些人愿意雇她做一日导游。

是不是只有陌生，才能肆无忌惮地敞露心扉？青年旅舍里的背包客，酒吧二楼桌前互不相识的人，因为某一个时刻，相聚。

可以在这一刻，告诉自己，暂时不需要理解别人世界里的规则和在每个人头顶上旋转的时钟，因为，这里，最不用吝惜的，就是时间。那些一旦扎根在这里的人，从旅人变成居民，从候鸟变成留鸟。你看那边那个女人，抱着孩子，站在客栈门口，痴痴地望着外边的世界。听说她只是因为来阳朔旅游，住了这家客栈，后来成了客栈的老板娘。

在遥远时空中，认识朋友，又或者遭遇爱情。因为短暂，萍水相逢，以为可以洒脱告别。可其实，从没有这样简单。离开这条街，那些滋生的情愫却没有分崩离析，它成为埋在心里的另一颗种子。

我们上咖啡馆二楼坐坐吧。捧一杯咖啡，在临街的露台发呆，看楼下穿着麻布长裙，绣花长衫的女孩从一个店穿入另一家。看放在背上会叫的木头青蛙，雕刻精美的石头蛋其实是可以吹的埙，还有各种有趣的小玩意儿。

他们说，西街最好的记忆总会和咖啡、阳光还有游离的目光有关。在露台，看着各种肤色，各种穿着，各种年纪，各种皮肤的人们融入西街濡濡沫沫的人群里，那些斑驳的旧事随风散尽。人们愿意捧一杯咖啡，什么也不想，一片空白，自然腐朽。

马可波罗，丁丁，如果，四海，石玫瑰……这是在西街可以找到的各种酒吧，每一个名字都很有味道。

“马可波罗”有西街最棒的音乐氛围和蚂蚁乐队；“丁丁”也许有你想要开始探险的第二人生旅程；人生没有太早，没有太迟，只有刚刚好在“没有”相遇；“如果”里的 hip-hop 纯音乐，有没有点燃你心中的花火？“四海”的调酒师有一头自然卷的栗色头发，他的花式调酒手法让人眼花缭乱；“石玫瑰”里舞姿炫动，群魔乱舞，还有座椅后黯然神伤的落寞……

在西街的酒吧里，翻看一本本厚厚的留言册，总能品出一点地老天荒和孤独。旅行是一种出逃，不在于逃到哪里，重要的只是离开，离开原来的地方、原来的身份、原来的一切。在某个酒吧的留言册上，忽然写了很多很多话，然后心满意足地离开。

西街还留有徐悲鸿故居。西街尽头，左转，不过几分钟时间就可以走到。门外有石碑，记载着徐悲鸿、齐白石和张大千等国画大家都曾在这里写生。故居就在漓江边上，门口是江水，抬头就可以望见青淡衔远的山，当年几位大师一定曾在这里挥毫泼墨，谈笑风生，于是有了传世之作《烟雨漓江》。

走回西街，晚色深沉，霓虹灯依旧闪烁，酒吧的摇滚和轻音乐，各种肤色的人，各种颜色的酒杯，不断碰撞和被碰撞。酒精麻痹着意志，露天酒吧的歌手在摇滚乐中不断甩动长发，街角卖艺人的葫芦丝缠绵悱恻，卖花的小姑娘在人群中钻来钻去，追赶下一对情侣；画像的艺术家信手闲描，他们和阶梯上的吉他手一样，好像不为生存，只为舞台的这一刻。

此时，你的心在哪里，在哪只竹筏上，还是在哪盏霓虹灯下……

西街，等着你，一起沉沦，一起迷失。

银子岩·只为那一刻，相遇

典型的喀斯特地貌给予了桂林千姿百态的山、水，还有溶洞。

银子岩就是这样一个美丽的溶洞，适合游走，适合倾听。

洞里，千姿百态的石块都有一个好听的名字，荔浦芋、孔雀开屏、万里长城、音乐石屏、金钥匙……再配上好听的传说，或欢乐，或悲伤。但我，更愿意静静地，一个人去看，去感知。会看出比那个名字更有意思的故事来。

银子岩的石洞层楼结构，石栈石梯，首尾勾连。溶洞总是阴冷又森然的，扑射的光线，幽绿、苍蓝、暗红……并不会让一切看起来更自然。沿着狭窄的石道通行，迫近的石壁像是迷失森林里的朝你张牙舞爪的魔鬼树，随时都能把你吞掉。偶尔溜进脖子里的水滴，像是跑进衣服里的小虫子，凉凉的，滑滑的，足够让胆小的孩子大声尖叫。不过，这个石洞有个好听的名字，叫做圣水洞，据说，被水滴到，会交上好运。聪明的你，一定知道原因吧？

继续向前，你能看到一块由无数片石幔组成的石屏，人们叫它“音乐石屏”，敲击后可以发出不同的音符。我猜是因为层层石幔深浅不一，厚薄不同，产生了钢琴簧片的效果。你要不要弹弹看，会不会奏出“哆啦咪发”？

那边，有微缩的龙脊梯田跟万里长城。不过，我更迫不及待地想带你去看那个“水镜倒影”，那个，叫人窒息的绝美震撼。

看，路变得开阔些了，我们快到了。随石梯走，你就能看到十几层楼那么高的钟乳石帷幕舒缓下落，就像一面奔腾不息的瀑布，瞬间被魔法冻结在半空。那些千千万万直立的竖线，像是华丽的哥特式建筑，或者是竖琴的琴弦。

你应该靠近一点，再近一点，走过小桥，到围栏边，低头看看脚下。那是一个万丈深渊，巨大的，深不见底的悬崖峭壁近在咫尺，嶙峋的石峰像是凌厉的宝剑，辟入谷底，黄色的山石，绿色的树影，一直延伸到看不到的深处，等待在那里的是无边的黑暗。

我的脚就浮在半空中，诡异的妖风从深渊里飕飕地吹来，它伸出一只手，拖住我的腿，要被卷进去了吗？会掉下去吗？这个永无天日的黑暗异界？……不，我不要……

心底呐喊着，不由得退后一步。这是什么魔法？还是虚幻的梦境？

嘿，你还好吗？不要担心，没有风，没有悬崖，没有诡异的黑魔法，好好看清楚，是水哦。堆积的怪石下面是一潭静水，那悬崖，只不过是倒影罢了！水很浅，倒影却很深很深，水静得像一面黑镜子，把一切秘密封印在镜子底下的世界。

山水连成一片的倒影，带着瑰丽的色彩，就像一座镜中的梦幻城，在这无边的黑暗里，却分外真实。山的倒影，好像比山本身更真实。那想象中的自己，是不是比眼前这个，更叫人相信？因为，洞里有一个对称和颠倒的世界。

从心有余悸到惊喜若狂，只需要几秒钟，这是水镜倒影的魅力。然后，我们或许可以关注另一种美——那些静静矗立的石笋，石钟。

洞里的石笋一直在静静生长着，一百年，两厘米，二百年，四厘米……就是那样缓慢的速度，但那又怎样，千万年后，它已长成了一朵美丽的石莲花，一把擎天的珍珠伞，一条巨龙，或者一个念经和尚等有趣的造型，不管怎么样，它总会找到自己的路，璀璨于这个世界。

地上的石笋在无边的黑暗里，千万年维持着一种姿势，仰着头，望着它的星空，那里，有一条闪耀的银河，有它最灿烂也最寂寥的梦。它说，我会长高再长高，总有一天，伸手碰触那片璀璨星空，成为苍茫黑暗中，不可或缺的存在。

银河的存在，是因为石洞顶上的岩石布满方解石颗粒，他们会在黑暗里绽放银色光芒，所以这个溶洞，叫做银子岩。偶尔，你也许能见到石壁边的萤火虫，扑着翅膀飞起来，他们的小灯笼一闪一闪，在玫瑰色、青草绿、莹黄色和靛蓝色灯光映照出的瑰丽以外，找寻着生命的光点。

在静谧里，石头开花的过程缓慢，果子成熟的声音，比风还要宁静。一种潮湿的情感扑面而来。那是两支石笋，相对生长着。

洞顶倒挂着一支，地面正立着一支，笋尖遥遥相对。上面钟乳石上的流水一点不差的落到下面的笋尖上。水里溶解的物质凝结在笋尖，千万年之后，它们也许就能连结成一体，形成洞中擎天一样的石柱。

而有的，仅一分之差，因水流的改向，最终错过，悔憾终生。另一些连成一体的石笋，因为地表下陷的关系，被迫从中断开，重新等待千万年后的再次相遇。会绝望吗？不会，一定不会，因为我听见它们的声音，它们说：就算在原地相望上千年，早晚有一天，我们还会再重逢。在此之前，我们只要不断让自己变得更好更好就够了。这样，会很幸福吧？

石笋和钟乳石用俯视或仰望的姿态固守的爱恋，让我再次碰触到了不朽，关于爱情。

龙脊梯田·追逐光影

梯田的美，只有在山峦的巅峰才可以看到。那是震撼人心的大美。

层层叠叠的田埂如同银链，环绕在脚边，一方一方水田泛起圈圈涟漪，在青纱拢翠的山峦上荡漾开来。是谁，在湖心投下石块，绽放在山涧的花朵，是龙脊留给我们的独白。平安梯田，金坑梯田，每一个名字都意外的美丽。

有人喜欢晴空万里的梯田，有人喜欢晚霞铺陈的梯田，有人喜欢轻薄云雾和晨曦追逐的梯田，有人喜欢朦胧烟雨中的梯田。

摄影者说，光圈范围设置在 F11-16，较大景深拍出来的梯田会更壮丽，时间最好是清晨或傍晚，那时候能寻找到丰富的侧光、逆光变化、避开高光。画者说，注满水的梯田映照的色彩变化最美，不论是梦幻的蓝灰，亮丽的洋红，宁静的绿色，还是璀璨的金色，都是可遇不可求的色调。歌者说，缥缈的山岚如梦如幻，就像把壮族的歌儿缠绕在云雾之巅。

什么时候来梯田能见到最美的风景？

是每年农历四月十五以后的半个月吗？那时注满水的梯田如

同明镜。是中秋前后吗？那时成熟的稻田一片金黄，明艳得叫人睁不开眼睛。是夏季七月吗？渐长的禾苗随风逐波，绿色稻田一垄一垄，叠着翠彩，伏着波浪。是寒冬吗？最好能碰上一场雪景，那时白雪覆盖的肌理细腻而绝美……

这个问题，没有解答。因为，无论什么时候去，总能看到它的美，没有最美，因为下一次回眸的凝视，会更美。

山和田，相偎相依。没有谁可以舍弃谁。健朗的青山挺拔巍峨，温柔的水田脉脉含情。梯田，用一条条赭石色的田埂串成腰带，轻挽着山峦，温暖着山的寂寞；山峦，用强健的臂弯环抱着梯田，用宽厚肩膀给了她爱的天堂。

这样宏大的梯田是谁开拓的？没有人能够说明。但一定是住在这里的乡民，他们父辈的父辈，又或者更久远的先辈，耕耘出了这片奇迹。我所知的，是龙脊梯田开垦始于元朝，完成于清初。最原始的刀耕火种，最初的茹毛饮血，是这片美丽山峭，让第一批来到龙脊的壮民和瑶民放下行囊。曾经横亘在面前的深山，而今成了美不胜收的梯田。

分不清那曲线，是裸露隆起的田埂，还是先民们佝偻的脊梁。悠悠天地之间，宁静而坚强地，承受着岁月的重压，却储蓄着无限张力，关于生命。从湍急水流的河谷，到白云缭绕的山峦，从葱郁的树林边到陡壁的悬崖前，只要是有一点泥土的地方，都被开辟出了梯田。人们一阶一阶，登向蓝天，也登向未知的未来。

如今的我们，站在这里，不必在意要去哪里，不必在意明天会是星期几。只想漫无目的，沿着田埂漫步，抚摸龙脊时光的印记，那是人们用锄头和犁耙雕琢出来的。

喜欢站在绿影朦胧的烟雨里，闻到新翻泥土的清香沁润到稻田跟心田；淡淡的犁痕嵌印在黝黑大地的肩膀上。一身青箬笠，绿蓑衣，牵引来呼唤春天的牛哞。喜欢站在微醺的夏风里，贴着田梯，就这么一步一步蹭下来，把所有酷暑都湮没在绿色的禾苗里，只记得起伏的绿色波浪里，你若隐若现的微笑。喜欢金黄的稻穗点亮浓浓的秋意，神采飞扬的农夫挥舞着手中的稻穗，眼角的皱纹都能涌出笑意，丰收的山歌摇落了一整年的喜悦。喜欢如约而至的雪花，送给梯田一身冰肌玉骨，挂在天空的清冷月牙收住流浪的脚步，和柔和的雪光温存。这是只属于龙脊梯田的春、夏、秋、冬。

时光易碎。我们触摸过一段光阴，然后碎成一地。把回忆的碎片留在心里，就算以后，再也不可能拼凑出完整的时光影像，但那时过去的，总会在心头温暖，回忆，笑靥如花。

我们留下最真最美的想念，这样就已经知足。

恭城·桃夭

恭城在桂林的东南，108 公里外的地方，是一个瑶族自治县。每年 3 月，恭城的西岭乡的“桃花节”总是惹人怜爱，漫山遍野的山桃花次第开放，如云如霞，夭夭艳艳，编织着胭脂水色的梦。

春深寂寥，灰色的天空，萧瑟的植被，裸露出来的黄色泥土带着一丝沉闷的潮味儿。寒冷最叫人失魂落魄，感叹时光易老。我们都是行色匆匆的赶路人，为心中的一份期许不知西东，只是偶然回望，才知道容颜未变，心却失去了原有的颜色。于是，想要寻找春意，慰藉还未远离的纯真。

薄云缱绻时，薄瘦的柳条在料峭的寒气中招摇，但恭城里春的信息似乎近了一些。只需一盏春风，河水上涨，用丰腴的身姿奔跑起来，而最繁茂的是桃花，真的只是一夜之间，就已迅猛开放。于是，时光不再清冷。从水岸边几株嬉闹着抱满枝头的桃花，看到了春的身姿，在飘舞的柳絮里找到了暖的妩媚，一树红粉的灿烂，足够叫人沦陷。而潮水岩的桃花，开得最盛。

陌上花开，是诗经里的雅致，是唐诗宋词里的芳韵，他们在流光里飞舞，和你嘴角淡淡的微笑一样。这里，有没有一个宛若

桃花的女子，一颦一笑，安然若素。想要做一个简单的人，过简单的生活。桃花树下散步，晚霞夕阳里舞蹈，喝一杯咖啡，唱一阕流年。

这样会不会很难？美丽让人沉迷，也让人心慌，岁月静好，但抓不住。我们还是会在工作里忙到焦头烂额，在选择面前迷失方向，在失意时心浮气躁。偶然，想要就这样收住脚步，安守一树繁花就好，可是，如果日子真的这样一天天过去，会不会缺少什么？怕没有了拼搏的激情，没有了向前的勇气。我们，只是在一年又一年后，用年少轻狂的岁月作代价，换取了某一时心如止水的睿智。这算不算是成熟的礼物？

古老的时光里，花儿也会老去，誓言销声匿迹；拥挤的市集里，无绪的忙碌中，多少敏感细腻的心思早已浊不清。只是，在春雨洗涮过桃林和心灵的时候，会有清澈的声音在流淌。它提醒说：做一个简单的人。

就这样，沿途看着满树的桃花热热闹闹，散发着永不老去的清香。不管是一个人也好，多少人也好，只是想要在心里拥有一片蓝天，一方净土，在那里，种上一株桃树，把那些寂寞的，喧嚣的，统统掩埋，只留下身后的一株桃树，让漫漫前路花香满溢。

三月里的恭城，落英缤纷，迎春花满架满架地垂落，阿婆新炒的油茶飘着酥香，街边大黄狗微张惺忪的睡眼，而墙角簸箕里的大柿饼金黄金黄，上面一层细腻糖霜熠熠发光……它们，是在散落的时光里，最恬淡的记忆。

村子里，有最清冽的红枣酒和柿子酒，尝一口，再一口，芳醇的果香轻易就把人醉倒了。昏昏沉沉的时候，那些年轻热烈的声音隐隐在空中回荡，那些不再的时光里，有我们强忍泪光的微笑。

等你离去，桃花凋零，绿茸茸的桃叶含苞枝头，4 月的恭城却一点也不寂寞。因为柚花开了，白色的花朵小小的，密密匝匝缀满枝头，那时候，清甜的花香弥漫整片村庄。武庙和文庙的香客络绎不绝，人们，总能找到适合自己的生活。

后记

挥手告别的时候，我会怀念。

会怀念在油黄色的竹筏上，那个唱着浑厚船歌的老船夫摇船的背影；会怀念那些清澈见底的水里，穿过脚丫的小鱼和清凉清凉的水花；会怀念在江边的小店，吃啤酒鱼喝一罐又一罐的啤酒；会怀念，我们说好的浪迹天涯。

你的身边，会不会有一个人，你的家人，你的好友，或是你一辈子的眷恋，还是只有一个陌生人。

你在哪里，会不会还记得那些我们一起走过的时光。别说理想很远，其实，它很近。

去吧，不管你在哪里。

我知道。

时光不可以流转，天地不可以相依。

而我，还要在这一段段时光里轻歌曼舞，直到流云停驻，直到风雨止步。

每一段时光都不可重复，每一段时光都弥足珍贵。

失去什么，得到什么。你了然于心。

然后，不后悔地，继续前行。

沿着桃红柳绿的西子湖畔骑车，等一场春雨滋润心扉；徘徊在清河坊，寻觅前尘的牵挂；站在断桥上，等待千年的相遇与爱恋；沿着大运河徒步行走，感受沉淀着历史的长河从身边缓缓淌过。很多缠绵悱恻的故事与这里有关，很多盖世英雄在这里长眠，这里是杭州，一个令人梦驰神往的地方。

恋恋

Chapter 2

杭州

沿着桃红柳绿的西子湖畔骑车，等一场春雨滋润心扉；徘徊在清河坊，寻觅前尘的牵挂；站在断桥上，等待千年的相遇与爱恋；沿着大运河徒步行走，感受沉淀着历史的长河从身边缓缓淌过。很多缠绵悱恻的故事与这里有关，很多盖世英雄在这里长眠，这里是杭州，一个令人梦驰神往的地方。

人们都说："上有天堂，下有苏杭"，杭州，就是天堂。而西湖，则是杭州的眼睛，赋予了杭州无尽的灵气和生机。请在西子湖畔等我，带上我最爱的栀子花。

我看到你了，请跟我来。我们先去租辆自行车吧，然后，我想跟你说一些关于西湖的故事。

看那边的桥，它就是断桥，这里是西湖的西北角。断桥残雪，是西湖十景之一，断桥并没有断，却以另一种诗意的方式证明了自己的存在。因为冬雪初霁，古石桥向阳面的白雪逐渐消融褪去，而背阴的地方依然玉砌雕阑，从远处看，桥似断非断，就被口口相传认为是断桥了。南宋时，许仙和白素贞的爱情就是从这里开始的。

清明时节雨纷纷，白蛇幻化成人，想要寻找一千七百年前的救命恩人小牧童，观音大士指点她说：“有缘千里来相会，须往西湖高处寻”，寻寻觅觅，痴痴盼盼，看，那断桥上，眉清目秀，衣袂飘飘的不正是千年前的恩人许仙许大官人么？断桥是一段爱情的起点，也是一个圆弧的终点，白娘子水漫金山之后，被囚禁于雷峰塔下多年，最后在断桥上再次与许仙邂逅重逢。站在断桥上，期待一场细雨，想起千年前，红伞为媒的那段旷世奇缘，心里默默期待，在这细雨的西湖寻觅到我内心的悸动，为这样的美景，为此刻的情怀。白娘子在断桥上，瞥见了后生许仙，你在断桥上遇见了谁？或者站在这样一个情意绵绵的地方，你会想起谁？

看北边那座秀丽的山峦，它是宝石山，山上的保俶塔已立了千余年，远远的就能瞧见，不过半山腰的抱朴道院却不是每个人都去过，过去道院里经常会看到几个仙风道骨的女道士在抬木料，她们自力更生，不与凡尘纠结，这里没有嘈杂，只有六根清净的幽僻。出抱朴道院的山门就是葛岭，登上葛岭可以俯瞰全杭州城，像一幅立体的水墨丹青，一半湖水，一半城市，解不开的柔情，在城中慢慢发酵。再远一点，奔腾的钱塘江依城东流去。古时的杭州城很小，你看，从庆春门开始经武林门到望江门、清泰门，总共九个城门，城门内就是杭州古城的范围。

山下的堤岸有柳条垂下，莺鸟雨燕绕柳嬉戏，远处一抹青山上藏着楼宇阁亭，我总会想象着古时的达官贵人在这里夜夜笙歌，暖风熏人醉，他们是刚来杭州不久的皇族，因为国都被外敌强占，所以迁都到这里，继续做着家国天下，千秋基业的美梦，这个朝代历史上称为南宋。因为陶醉在西湖的美景中，把国仇家恨抛之脑后，也忘记了北方依然奋力抵抗外敌的万千将士如何孤立无援，这里的他们沉迷于人间天堂的繁华美丽，纸醉金迷，大肆歌舞！“山外青山楼外楼，西湖歌舞几时休。暖风熏得游人醉，直把杭州作汴州。”看来，说江南不适合定都不无道理，只是因为这里太悠闲，太美好。我们下山吧，沿着白堤向南前行。白居易曾有一句：“最爱湖东行不足，绿杨阴里白沙堤”，这条白堤虽然并不是白居易主持修建的那条，但是杭州人为了纪念这位老父母官，依然把这里也称作白堤。欣赏白堤的最好时节就是春天，因为一株柳夹一株桃，桃红柳绿总让人觉得是恍惚走进了世外桃源。老杭州人一定会建议你，从断桥这头往孤山走，也就是我们现在的前行方向，为什么要这样呢？原因很简单，因为这样才能看到远处山春如黛，水色潋滟的美丽。堤上的长凳上总会有年轻的男女在附耳低语，欢声笑语，这里是爱情产生的地方。

孤山

上到孤山上，天空果然飘起细雨，想起苏轼的那句“欲把西湖比西子，淡妆浓抹总相宜”，雨中的西湖就是一个略施粉黛的清秀女子，即使面有忧愁，弱柳扶风，也不能遮掩她的美丽。这么的，就想起西施来，说西施的美让水中的鱼儿都沉醉，不过严谨的治学者会告诉你说不过是因为西施在西湖水边洗脸，掉落的胭脂引来了贪食的湖鱼，因为铅中毒才沉到水中，不过西施的美还是毋庸置疑的，但红颜美人的结局总不算太好，于是怜香惜玉的文人墨客为了给西施美人一个归宿，就拉上了懂得“狡兔死，走狗烹”的名士范蠡来成就西施的美好姻缘，结局说他们归隐山林做了一对神仙伴侣，这样也不错，美好的遐想总比悲剧来得讨人喜欢。

看来这西湖边上果然掩藏着太多的爱情，丝丝缕缕的气息回荡在城市的上空，不需要给予太多美丽的辞藻或是布景，因为西湖就是这场风花雪月的舞台，用最宽阔的胸膛拥抱这些甜蜜与无奈，最终湮没到沧澜的历史痕迹中。淡淡的爱恋，抹不开，化不开，百转千回又无声无息。你说，你期待与相爱的人牵手漫步湖边，我也愿意和你一起守候花开花谢的时光，一直走下去。

前面的小山就是孤山，据说曾是康熙下江南时的行宫，四面环水，只有两堤相连，算得上是福地了。向北望可以看到来时的宝石山、保俶塔，向南望是我们的下一站去处雷峰塔，湖水轻漾，一条条的鱼儿在水中追逐嬉戏，吹出一颗颗的水泡泡来。

旅途的好处就是边走边看，体会不一样的情怀，故事。比如说现在，身边的游客念到“毕竟西湖六月中，风光不与四时同。接天莲叶无穷碧，映日荷花别样红”，那颤颤的山东话的确淳朴可

爱，他们说看惯了青砖红瓦和黄土地，看到锦绣江南的圆润细腻自然特别激动。说起江南，便想到杭州，而这杭州又总离不开荷花，虽然只是四月的春天，而湖中的荷花不过才露出尖尖角来，可还是会联想起“西湖烟水茫茫，百顷风潭，十里荷香”的种种好处，到了夏天一定是这样吧！山如青岱水如绸，人的心也不由得柔软荡漾。

继续前行，拐弯就可以看到西泠印社、放鹤亭等，放鹤亭是为了纪念宋代隐居士人林和靖所建，他一生不曾婚娶更未曾做官，而是以梅为“妻”，以鹤为“子”，风骨高洁。不禁赞叹江南果然人文气质，小小一座孤山，总能用美丽的传说和逸事打动每一个前来的人。就像久居于此的杭州人，他们总说：杭州的美，需要细细体味才知道。因为四季有别，晴雨有别，在喧嚣的都市之外，有这样一面湖水，它洗涤着内心的烦恼与不安。

看眼前的山青水绿，看身边悠然自得的茶客，心中生出许多安逸。感叹，原来悠闲的生活不在别处，就在这里，在我们身边。所以，我们不妨去孤山脚下的楼外楼，尝尝地道的杭州的美食。楼外楼是杭州老字号，店里的西湖醋鱼一定不可错过，它上过国宴，是四方游客交口称赞的佳肴；还有莼菜汤，莼菜是西湖水中特有的水生植物。说到莼菜，就想到一个典故，说的是晋朝的名士陆机去见当时的北方贵族王武子，王武子向陆机炫耀起羊酪，说世上怕没有比这更好吃的东西了吧，陆机斜眼一看，这膻味十足的东西算什么美味？然后回答说：“怎么没有，我们家乡的莼菜汤好吃上千百倍呢！”而这句“千里莼羹，未下盐豉”的千古名句也因为陆大学士的才情大名，流传开来。一直很好奇莼菜的味道，尝起来，果然鲜嫩清爽，百般滋味尽在其中了。还有这里的东坡肉，号称全杭州味道最好的，一定要试试看了！

过西泠桥，桥畔是苏小小墓，旁边一座慕才亭，毫不起眼的一座六角小亭。这里也有一段故事，说的是南齐的歌妓苏小小，路经苏堤时，瞥见了少年书生阮郁，于是她写了一首诗："妾乘油壁车，郎骑青骢马。何处结同心，西陵松柏下。"于是，湖光山色，花前月下，总能看到一对璧人的身影，许下海誓山盟的诺言，但结果却是不得善终的，同中国戏剧很多老套的剧情一样，书生上京赶考，一去杳无音讯，苏小小苦等无奈，又因为声色俱佳不堪纠缠欺辱，最后在一个秋菊凋零的月夜，含泪死去。生如夏花之绚，死如秋月之静算是苏小小短短27岁芳华的最好写照，而受到苏小小资助的穷书生，因为敬慕苏小小的为人，凑钱依照她的遗言，在西湖边西泠桥畔建了一座慕才亭。流连慕才亭，面对苏小小，总能拾起一些遗落的美好来。

岳王庙

在北山路西段，就是岳王庙，岳飞用一生的实际行动践行了尽忠报国的承诺，只是抵不过流言蜚语的谄媚小人，最终断送了性命。如今的岳庙前，依然有秦桧等奸臣长跪的铁像，而杭州老百姓也用一道“油炸桧”的小吃来痛斥小人。只是奸讦当道，最终逃不过抄家处死，妻离子散的命运。岳庙让我们记住了这样的一段历史，这样的一段岁月。杭州，不只是儿女情长，悲壮的英雄气短也荡气回肠。

从北山路往前走，是曲院风荷，据说过去这里酿酒，每到入夏总会酒香伴着荷香，可谓香不醉人人自醉！不过现在正是春天，所以无法领略荷花满池，风吹莲动下渔舟的韵味了。一路向南就是苏堤了。老一辈的杭州人说起苏堤，一定念念不忘在苏堤边上抓些田螺烤来吃，是怎样的美味；不过在更多人心中，闻名的依然是“苏堤春晓”，它是杭州的十景之一，看到满树的花朵次第开放，掩映在绿树湖光之中，每一片花瓣都像是萌生了春的醉意，随着细雨低声喃语。

左手边的湖心有三潭印月，碧波粼粼的水面上，白色的石塔倒映亭亭如玉立，宛在水中央。看那边背着包的游客，拿出一元的钞票，为背面三潭印月的图案是从哪个角度选景的而争论不休。苏堤一路向南，经过六桥到花港观鱼，再到南山路，就是雷峰塔了。旧时的雷峰残塔已然不在，新塔是民国时期修建的。南面的雷峰塔和北面的保俶塔交相辉映，所以俗语说“雷峰如老衲，保俶如美人”，不过塔下没有法海或是白娘子，只有地宫遗址可以参观。雷峰塔后是南屏山，旧十景的南屏晚钟就是说的这里，听梵音钟声回荡耳边，将这个城市铅华洗尽。

沿南山路一直往前的这个是长桥公园，“十八里相送”就发生在这里，传说亲密的恋人们只要沿着这座不长的长桥往往复复走上十八个来回，就能够相爱到永远，再不分离。人们说：爱情总是让人失去理智的东西，所以即使只是杜撰又何妨，热恋中的人不会放过哪怕一点点能够让爱情保鲜的东西，那么这些关乎爱情的圣地，永远值得驻足停留。

从长桥公园沿万松岭路上去大概一站路的脚程，是万松书院，梁祝同窗三载的“艳遇”故事就发生在这里，又一个让人潸然泪下的爱情，这里保存的是甜蜜的情窦初开和羞涩的少年情怀。不过现在，在一个剩男剩女被大肆渲染的年代，万松书院无疑再次担纲了延续爱情的重要角色，这里成为了杭州城相亲大会的根据地。每到周末，就会有上千单身男女的信息被制作成标签或是贴纸，在长长的绳子上飘荡，何时能够找到自己人生中的另一个半圆，组成完美的婚姻，是需要时间慢慢等待的。只是这等待，不知何时是尽头，悄无声息的，容颜老去，再回首从前，重逢时，对生命中的过客们说：“好久不见”，不是因为不爱才寂寞，是因为爱了才寂寞。

清河坊

返回南山路，从柳浪闻莺向东行，只需要几分钟的时间就可以来到清河坊，它座落在吴山脚下，是杭州的皇根所在。走进河坊街，街道两旁的店铺都是清一色的木楼青瓦，竹篾灯笼，或是特产店铺，或是饰品小店，但更多的是中药店。其中最显赫的算得上是“胡庆余堂”了。胡庆余堂建于1874年，是清末著名红顶商人胡雪岩的商号，耗资白银三十万两建立的。整座建筑犹如仙鹤，是国内保存最完整的清代徽派商业古建筑群。而胡庆余堂调制中药也美名远播，庆余丸、散、膏、丹都广受好评。俗话说“北有同仁堂，南有庆余堂”，胡庆余堂见证了历史变迁，也传播着“江南药王”不衰的美名。

胡雪岩来自徽州，和所有的徽商一样，少年时期就出外闯荡，俗话说“十四五六，往外一丢”，而这一丢，胡雪岩选择把自己丢在了杭州，从一个跑堂开始到掌柜，再开办自己的商铺，到著名的红顶商人，成为徽商中最具名气的一个。胡雪岩走过的路并不简单，其中的艰辛也非常人可以想像的。胡庆余堂的店铺中，“真不二价”的匾牌，心中有的不仅仅是对药材的信赖，更多的是对成功者的敬仰。

胡庆余堂的产生也有一个故事，胡雪岩决定在杭州开药店，先后请过四位老先生，虽然都精明能干却不合胡雪岩心意。直到有一天余姓的先生来应聘，他对胡雪岩说："急于赚钱的，见钱眼开，只知道拼命地捞；正当赚钱的，就要重视信誉，细水长流。你要请我做账房，就要准备先蚀三年本"。胡雪岩不觉眼前一亮，那余先生接着说："每家药店门口几乎都写着'地道药材'，却不容易办到。驴皮非囤三年就不能熬成上好的膏；女贞子要经过五蒸五晒；红花要隔年采集于西藏；茯苓不来自云南的洱海苍山不能算上品；麝香要当门子；鹿茸要血尖。药是治病救命的，所以贵到犀角、羚羊，贱到通草、马勃，都必须精选精挑，不能含糊马虎。不在质量上胜过他家，又怎么能打响牌子？开药店总得图个百年大计。归根结底一句话，蚀得三年本，才能慢慢赢利！不然，还请另请高贤。"诚信也是胡雪岩经商的座右铭，因此心服口服，他请余先生做账房，把药堂称作"胡庆余堂"。

胡庆余堂后面是中药博物馆，里面陈列着很多中药，闻到了吗？淡淡的中草药的味道，带着一点点甜味，一点点涩味，就是这样清清淡淡散落到空气的微粒中。人参、鹿茸、甘草、当归、蛤蚧、蜈蚣等等上万种药材，或是切成小片，或是研磨成碎末，或是整个的，分别盛在精致的竹筐或是木桶里，上面的标识告诉你麝香可以止痛，催产；甘草可以补脾益气，润肺止咳等等。每一筐的药材都像是一件件艺术珍品，向世人展示着璀璨中药文化的魅力。除此之外，这里还有植物、动物、矿石标本，当然，这里的镇馆之宝是7000年前浙江河姆渡文化时期、西汉长沙马王堆和宋代泉州湾沉船等地出土的药材，虽然已近石化，却依然令人叹为观止。

前厅有窗口零售中药材，看白大褂的老师傅用精巧的小秤称药，尾指上翘，细细秤杆上的刻度闪着金光，称好之后，师傅把将秤盘上的药草倒在纸上，细细地叠成方方正正的小药包。我想，这样原汁原味的老字号中药店在很多地方怕已经很难找到了吧？后面的手工作坊厅中，经验丰富的老药工现场对中药材进行手工的切片、研磨，看大块我分不清材质的药材被切成薄片，看切药的大刀起起落落，古老又神奇。

向前继续走，有观复博物馆，这是新中国成立以来的第一家私人博物馆，里面可都是家具收藏者的最爱，红木的官帽椅、黄花梨的蝉椅、紫檀木的雕花大床等等，他们的历史也很久远，都是明清时期的名匠所作，想想从前钟鸣鼎食之家，富丽堂皇，不也是从这精细雕琢的家具中窥见端倪吗？

清河坊的尽头是保和堂，这个名字你一定熟悉，它是《白蛇传》中许仙学徒的地方，这是一家有近千年历史的中药铺，因为无偿为附近的穷苦百姓看医问药，获得了广泛的赞誉。只是清末时期，随着胡庆余堂的日益兴旺，保和堂才走向衰败。如今这里是游客们常来的地方，门口的许仙铜像成为许多人一定要合影留恋的地方，许仙穿着长衫，撑着油纸伞，是在等待白娘子的归来吗？现在的保和堂里，依然出售自制的药酒和药茶。那飘着白色花瓣的是菊花茶，一朵朵的杭白菊绽放在药茶中，可以清肝明目和散风清热。滚烫的一大碗，不要急着一口喝下去，它有一点点的涩味，却口齿留香，喝完才能感到苦尽甘来的甜，沁人心肺。

吴山夜市

从清河坊坐 K35 路车到平海路站下车，往南走就是吴山夜市了。吴山夜市是杭州最有人气的夜市，虽然已经不在吴山，而是搬到了惠兴路和仁和路地段，工人文化宫前；但是杭州人叫习惯了吴山夜市，搬迁之后还是这么叫。在这里，可以买到很多杭州特色的东西，现场制作的茶叶、图章、京剧脸谱、雕刻、丝绸、折扇等等。当然还有玉石陶瓷、百货、钟表、衣服鞋帽，总之你能想到的，在这里都能找到。

在这里买东西，不用担心钱包的钱不够，而是到底怎么样才能逛完，因为夜市很大，摊位很多，每一间都心思巧妙，独一无二，一不小心可能就会错过最爱的东西，所以睁大眼睛，仔细选，认真挑，那么一定会收获得盆满钵满。杭州人说：吴山夜市虽古老，却很性感。过去是卖古玩字画，后来逐渐扩大影响，成为无所不包的夜间集市。在路边摊买一杯奶茶，还有一串章鱼丸子，我们边吃边逛吧！

这里的开价不低，所以会砍价就变得优势十足。商品琳琅满目，却平易近人，这就是夜市的好处，花钱不多，收获满满。在这里扫货的外国游客也不在少数，他们径直就能找到一些店铺，这里的仿货质量不错，价格可爱，一次多买几个也不亏。还有汉语说得十分流利的韩国女留学生，亲热地对年轻的老板抛媚眼，一口一个 oba 叫人不忍心拒绝。

这边摊上，地上堆着满是大大小小的波尔卡圆点或是粗麻布似的衬衫 T 恤，很像是日本设计师川久保玲的风格，吸引的自然不是平常人的目光，反而是一些离经叛道，透着一丝颓废朋克的个性潮人才能看上，拥有强大气场的人才能演绎出不俗的品味，一如川久保玲黑白色调的照片，平凡的花菇头下一双眼睛永远是冷峻的眼神和漠然的神情，即使在时尚圈中与一群圆滑世故的欧美设计师坐在一起，她永远还是那么不温不火，有些拘谨。不过这里的衣服可都是老板的原创设计，“穷风流、饿快活”的丐帮 look，一点也不输给考究挺括、动辄数万的 channel，带着邪恶的优雅，不对称的对襟，背后鼓出个褶皱大包的风衣，活像巴黎圣母院里的钟楼老人，可正是玩味的设计和出位的搭配赢得了时尚达人的热捧。在吴山夜市买衣服，挑选的不只是款式，更是一种对生活的追求。合适自己的，总是最好的。

当然，还有“练摊儿”的现场作画的老艺人，他们在闹市中也不受干扰，气定神闲地坐下就开始作画，有赏识作品的人，他们也不卑不亢，从容地买卖，这份气度的确让人佩服。号称吴山第一潮男的宝华哥也是吴山夜市的摊主，他的奇装异服和特别装扮也是出了名的，哈伦裤，撒花小袄，水晶耳环就是他的经典造型了，犀利的风格格外引人注目。

杭州的特产吗？吴山夜市也有，看那边，小贩高声叫卖的就是杭州的绸伞，轻便的竹骨还带着淡淡的绿色，透着清新的竹香，轻巧柔滑的绸面薄如蝉翼，上面绣着朵朵木槿、水莲，实在是美不胜收。当然，要最新的流行款式也是有的，比如这把豹纹绸伞，野性又不失华贵。看到那边满满的折扇铺了吗？铺天盖地的折扇，这是王星记的扇子，绝对算得上杭州名品的代表，光绪年间王星斋创建了王星记扇庄，因为做工考究而闻名全国，其首创的黑纸扇还被作为“贡扇”送往朝廷供王孙贵胄们使用。

迷恋这里的清茶、藕粉和糖桂花，但更迷恋这里的夜色。从吴山夜市出来，到西湖边上吹吹风，看雷峰塔的灯光早已熄灭。杭州夜色，像一双迷离的眼睛，看着身边的你我，想要读懂她的眼神，可是直到最后，依然一知半解，一颦一笑，只能深深的沉醉……

六和塔

六和塔的历史已经不可考究，宋徽宗时就毁于兵战，到了南宋高宗年间因为钱塘江潮毁坏堤坝良田而重修六和塔，到了元朝元统年间，六和塔因为年久破败再次得到细致的修缮，不过明嘉庆年间倭寇入侵杭州，它再次被战火洗劫，万历年间的高僧莲池大师再度主持重修六和塔，经历几许朝代更迭，六和塔的命运几起几落，但最终它留了下来，所以我们看到了现在的六和塔。

六和塔塔外十三层，内部是七层，每一层的匾额都由乾隆皇帝亲笔题写：初地坚固，二谛俱融、三明净域、四天宝纲、五云覆盖、六鳌负载、七宝庄严，皆有不同的寓意。塔身自下而上塔檐逐级缩小，塔檐翘角上挂了 104 只铁铃，每每风动铃响，饶有意境。前些年因为修复完善，无意间居然发现了塔内的彩绘壁画，人物花卉，鸟兽图案等雕刻，非常精致。登到塔顶，看钱塘江近在咫尺，波澜壮阔，如果遇到江潮，那就是可遇而不可求的了。但事实上，上六和塔观钱塘江大潮的确是杭州人从古至今的保留节目，每到八月十五，滚滚潮水袭来时，六和塔顶总少不了观潮人。

六和塔的故事，钱塘潮的故事，就会记起《水浒传》中的鲁智深，当年梁山泊一百单八好汉南征方腊，而后损兵折将，生离死别，宋江将兵马驻扎在六和塔外的寺庙内，鲁智深听到钱塘江上潮声雷响，以为是战鼓声，便起身准备迎战。后来僧人跟他解释，才知道这是潮信，于是他想起以前出家时师父说过“听潮而圆，见信而寂”的偈言，觉得这是宿命，便在六和塔边圆寂坐化了。

从六和塔出来，我们乘旅游专线 Y5 到虎跑去吧！虎跑，就像一个充满水的世界，颀长高大的乔木立在一湾浅水之上，树边的浮木和青草长得正好，水中树的倒影，太阳的倒影化作点点光斑，给宁静的山色带来喷薄而出的美丽。远处层层叠瀑的流水声清脆悦耳，山涧石峰的水流在涡旋中打着转儿，几片新叶随水漂流，山寺前的一方池塘的水因为池中的树叶腐烂的原因，变成了淡淡的蓝色，济公庙的鳞鳞青瓦上飘落着樱花的花瓣，一株山樱开得正绚烂，将一抹嫣红留在了幽静古寺。

济颠和尚的石雕算得上是虎跑的标志，济公枕手侧卧，那表情依然悠闲自得，毫不察觉身边两只栩栩如生的老虎，这是虎跑的传说。相传唐元和年间，有个名叫性空的僧人住在这里，但这里没有水，生活很不方便，无奈之时正准备离去。一天夜里，性空梦见神仙告诉他：明天会有二只老虎将南岳童子泉移来。第二天果然看见二只老虎“跑地作穴”，涌出泉水。当然这只是传说而已，实际上虎跑因地处群山之低处，地下水随岩层向虎跑渗出，由于水量充足，所以虎跑泉大旱也不干涸。

我们去虎跑茶室喝喝茶吧，感受一下江南茶文化的雅韵。杭州的茶室一般建在西子湖畔的那些亭台楼阁或是山林泉水边，虎

跑茶室算得上是杭州最为出名的茶室之一，用刚从石缝里滴嗒出来的泉水，烧开了沏茶，无须加盖，只两三分钟，一杯茶就算泡好了。杯中一湖碧波荡漾，那嫩绿的叶子如小舟微微起伏。想起《红楼梦》里妙玉在栊翠庵请宝玉、黛玉、宝钗三人吃茶的典故，妙玉用了五年前在玄墓蟠香寺收的梅花上的雪，用花瓮瓮着，埋在地下，等到夏天才开盖取用。古时候的人将泡茶的水分为“梅、兰、竹、菊”四等，“梅之水”采自隆冬季节的压梅雪，算得上是泡茶水中的圣品。

妙玉的良苦用心不知会否有人怜惜，但虎跑的泉水无疑受到了杭城百姓市民的青睐。龙井茶、虎跑水号称西湖双绝，杭州人都说用虎跑泉的水泡龙井茶是天作之合，所以很多人会不远千里，带上好几个塑料瓶，装满虎跑的泉水带回家。他们说，虎跑泉有一种魔力，喝了这里的泉水，就会身体健康，延年益寿。

弘一大师李叔同的舍利塔也在附近，这位对音律、戏剧、书画、篆刻无一不通的文化巨匠与杭州也有很深的渊源。当年，李叔同来杭州，常常独自一人出门，去西湖边的小茶馆景春园吃茶，爱上这清茶淡水的安静，随后又羡慕起有道德的出家人的生活，直到后来去了定慧寺出家。耳边那曲“长亭外，古道边，芳草碧连天……”还在悠然回响，曾和我们一起唱过骊歌的朋友啊，却不知何时能够重逢？

西塘

从杭州汽车东站坐车，2 小时左右，就可以到达西塘。西塘是完全不同于杭州的另一派江南水乡。西塘很小，不需一天就可以全部走一遍，西塘又很大，只有静静徜徉，你才能感觉到它的妙处来。当年《碟中谍 3》中汤姆克鲁斯在白墙黛瓦间的跳跃穿梭，在烟雨长廊间的飞速狂奔，让全世界认识了江南水乡——西塘。

清晨，租一只手摇船我们就可以出发了，小桥流水，两岸粉墙高耸，瓦屋倒映在窄窄的河边上。这是一座生活中的城市，它不因游客的到来而做出商业化的恶俗改变，还是保持了原有的模样，清新自然，不容亵渎。西塘的人该玩乐的玩乐，该做饭的做饭，该干嘛的干嘛，悠然自得的生活，不用介怀房价如何高涨或是 GDP 的指数又下降了，因为这里的人们，保留了最朴实的生活方式。

看旁边的烟雨长廊，其实是西塘建在水边的街，街，又是廊，因为带着清一色的墨瓦盖顶，西塘人叫它“一落水”。船行到一座桥边，这座桥很特别，陡立的顶棚，中间有花墙相隔，它的名字叫“送子来凤桥”。古人讲究阴阳学，南阳北阴，古时男为阳，女为阴，所以桥南面是阶梯，北面是斜坡。男子沿台阶而上意味着步步高升，女子三寸金莲小迈步上斜坡，寓意持家稳稳当当，老人们说："新婚夫妇走一走，南则送子，北则来凤"，很多好莱坞明星来过这里，比如《廊桥遗梦》中的女主角梅利尔就曾从这座廊桥上走过。不过现在看来，倒是有许多票友在桥上自娱自乐，吹拉弹唱，丝竹的清音，老人浑厚的唱词，构成了一曲美妙的声乐。

西塘的特色是"桥多、弄多、廊棚多"，所以这里的旮旯深巷大多长而幽僻。上岸来，走到石皮弄，它建于明末清初年间，全长 68 米，墙面是 216 块厚度不超过三厘米的石板铺就而成，因为薄如皮的石板被称为石皮弄。最窄处只有 80 厘米，只能容许一个人行走，倘若两个人相对而行，就必须错身而过。

想起看过的一个故事，关于穿越了千年的爱恋。男女主人公千年之前在狭窄的小巷遇见，那是个只能容纳一个人通过的幽僻弄里，青衫布履的年轻书生远远地瞧见了迎面袅袅走来的秀美女子，两人的目光如水般交融到一起，又都立刻羞涩地低下头，越来越近，越来越近，直到相遇，书生轻轻侧身，给女子让道，女子低头微笑表示谢意，眼眸流转，莲步婀娜，擦肩而过。恍惚间，黄裙衣带如清风水流般飘逸而过，女子的浅笑春晕仍在脑海中徘徊，只留那环佩叮咚在空巷中流淌。后来，后来，没有后来。也许女子是大户人家的千金小姐，也许书生只是一个寒酸落魄的穷书生，这不过是最常见的《西厢记》一类故事的翻版；又或者这女子是某名楼的红牌歌妓，书生是家缠万贯的纨绔子弟，又是一曲哀怨缠绵不得善终的老套悲剧，但没有结局的爱情总是最让人遐想连篇。千年以后的现代，身份轮回转变，两人在深巷中再次相遇，只是不知心里还会不会暗自留恋：会是千年以前的那个他吗？于是在狭窄的古弄里，我们可以期待下一个转角，会不会邂逅一场风花雪月。

漫步在西塘仄仄平平的街道上，抬头看湛蓝的天空，就像一条蜿蜒的河流，流向西塘的远方。选择一个茶馆，在慵懒的午后阳光里，捧一杯茶，和在西塘刚认识的朋友在藤椅上围一圆桌，喝茶，啜饮小口，慢慢品尝，谈天说地，窃窃私语，都没有人管我。廊前树下一坐坐到太阳偏西，那茶也已淡而无色，只有夕阳斜照的颜色却愈加浓烈，渔舟唱晚，酒香飘逸，那是西塘大大小小的酒吧开始营业了，每到入夜这里的魅惑更加迷离，连天空也很应景地换成了变幻莫测的紫罗兰色。

夜游西塘不失为绝好的选择，带着黄酒勾起的几分醉意，漫步西塘的青石板路。看这里也有卖花灯的，扎得比其他地方更漂亮些，桃心型的纸碗组成一朵朵的莲花，按大小不同价格不同，小的 8 块，大的 15 块；颜色也很多样，红的、黄的、蓝的、紫的，卖花灯的女孩说，每一种颜色代表不同的祈愿，我记住了一种，红色的代表爱情。

看深夜的西塘，沿河长廊的一串串低垂下来的红灯笼久久不熄，对西塘人来说，不过是看惯了的路灯，可在游客心中却成了一道美丽的风景，比如静坐在石桥边上的那个男孩，有点落寞的背影，手上架着画板和炭笔，手肘在不停抖动，炭笔与画纸摩擦的沙沙声在寂静无声的夜里显得悦耳而舒服。我走上前去，低头看

那埋头画画的男孩，手中的画纸是一幅西塘夜色的炭笔素描，一层又一层的黑色，深深浅浅，那是黑色的天幕，墨色的水流，浅色的石桥和沿河的民宅，只有河边的灯浅淡而温暖。

他抬头看我，不说话，我想也许我贸贸然闯进他的领地有所打扰，只好赶紧找话题来化解尴尬。我问他："你也是来西塘写生的吗？"他答："是"，我说："我也是"。他停下笔，抬头盯着我的脸，一会儿，然后问："你为什么来西塘？"我说："只是喜欢无拘无束、漫无目的穿梭在古镇的街头巷尾，好像一直有这样的梦境，直到走到自己的心里。"他追问我："你想要逃离什么吗？"我愣住了，心里反复问自己："我想逃离什么？"然后坚定地回答他说："不，不是这样的，我喜欢旅行的过程，有心的归属感。"

其实这个答案早在心里了，为什么动摇或迟疑呢？大概是旅行久了吧！他笑了，淡淡的说："也许你是对的。"也许他有难以言明的隐情或是故事，我没有多问，对于某些内心深处的东西，也许不再提及、碰触，就是最好的。我站在他身边，看每一条街道都充斥着淳朴的记忆，粉墙，乌篷船，水乡的怀抱、水乡的烛火在静谧的夜色中轻轻跳跃。西塘，像是等待了千年的眷恋。

后记

从西塘返回，杭州的行程也渐近尾声，连绵不绝的爱恋是杭州的脚步，每个人都不过是匆匆过客，但只有对爱的追求长存不息，期待爱与被爱，就像弥漫在杭州空气里的那种关于爱的气息，或淡或浓，却在我们的心中久久扎根，无法抹去。

轻轻的，我将离去，带不走的是这里的美丽，带得走的是你我的回忆。恋恋，杭州，有一天，我会再回来。

每次背包旅行，都在心中默守着一份梦想，伴我前行。路途充满未知的感动，也能收获满满的幸福。

茶馆里余音绕梁的川剧唱腔，字字珠玑；飘香的红油火锅，又麻又辣；深邃的历史伴随着一缕茶香滋润心田。时间的河流，静悄悄的汇入府南河中。闲散而舒适的生活，让习惯背包行走的我也不由得放慢脚步，驻足停留。

这里是成都，一座来了就不想离开的城市。

印象

Chapter 3

成都

宽窄

宽窄巷子篇

成都的冬天总是让人又爱又恨，恨它的阴冷潮湿，爱它的清新空气。不过今天，却是一个难得的好天气，雨过天晴之时，午后的太阳露出懒懒的笑容，这样的时候，很适合轻装上路。

深深浅浅的青石板路上还残留着些许水迹，像宣纸上渲染开来的淡墨，散发出雨后好闻的味道。这里是宽窄巷子，也是我们今天成都之旅的第一站。

走进宽窄巷子，仿佛时光倒流五十年，触手可及的安逸与古朴，像极了一场泛黄的老电影演出。有些破败的木门，在阳光下仍泛着铜光的大门环，青青藤蔓攀爬马头墙檐上，在太阳下打盹的大黄狗惬意地摇着尾巴。行走，行走，仿佛触碰到历史留下的痕迹。老成都的闲适生活在此一览无余。

成都的宽窄巷子由宽、窄、井三条平行巷子组成。准格尔进京后便派兵驻守成都，原来的宽窄井只是兵道，清末民初，逐渐有许多公寓在这里扎根。宽巷子住着官家，因而气派；窄巷子住着平民，所以朴实。虽有不同，却都带着浓浓的成都的味道。

几十年前的宽窄巷子，承载了老成都的市井文化。平板矮房，电线、晾衣绳横七竖八如同结成的一张蛛网，那里的人声、流言都被网罗其中，谁都知道谁的那些小事。昏黄的路灯之下，一张方桌，几把太师椅，老成都人便在那里喝茶聊天，笑谈往昔峥嵘，闲话家长里短。它养在深闺人未识，成为繁忙都市独特的宁静地。

而如今，政府在保留古迹的同时，对宽窄巷子进行了全面的规划和精心的修整，现在的巷子已焕然一新。很多游客在此领略宽窄巷子的古老与青春，宽窄巷子的故事也是成都的故事。

这里有句话叫“蜀犬吠日”，一到晴天，很多人便走出家门院落，到大街上来晒太阳。行走在宽窄巷子，被这里的恬淡所吸引。

宽巷子中段有一个旅人邮亭，里面出售各种以四川为主题的明信片，包括成都、九寨沟、丹巴、稻城亚丁的风景等；当然，也有非卖品的，他们收集各国明信片展出。你需要买一张明信片吗？不过这里看店的男孩坚持要搭售邮票。

相逢与离别，都在一瞬间。邂逅于此刻，相忘于漫漫岁月长河。我们虽只能做一个过客，无法留下更多，但宽窄巷子的印记却如飞鸟的痕迹般镌刻在我心中，挥洒不去。

街边有一长溜的竹凳竹椅，让来此游玩的客人能够放下脚步，稍事休憩。对于街边打麻将的老人来说，光阴真是从指缝中偷偷溜走。青石地板上雕着浮华的牡丹，繁复而美丽。

在这里，还有全国独一无二的掏耳服务，只需二十元。掏耳师傅们身着白大褂，头戴聚光镜，一身专业行头干净利索，他们号称身怀“掏耳绝技”，外地的游客也许对此有这样或那样的担忧，当地居民却十分享受，旁边还有一长溜老外在排队等候。

继续往下走，有画漫画的外国人，还有一位卖手制卷烟的师傅。这位师傅七十来岁，精神矍铄，笑起来淳朴而安详，露出来的黄牙却泄露了他“老烟枪”的秘密。他端坐在太师椅上，面前一张小桌摆满烟叶、烟杆和做好的卷烟，一包一包码放整齐。制烟师傅不紧不慢地卷制叶烟，这成都叶子烟是四川特产之一。

他见我停下脚步，便问我要不要试试看这烟杆，我笑笑说：“不了，我不抽烟。”这是一个细细竹竿儿制成的超长烟杆，足有两米来长，淡黄色的老竹轻韧有力，竹节已经被磨得平滑，整个烟杆都泛着油油亮亮的光泽，大概是因为长期被人把玩摩挲的关系吧！

酒旗、锦鲤、汽灯、吉祥挂饰，勾勒出古典浪漫的场景，星星点点的清晨，天空泛起鱼肚白，旁边的外国游客说这里像极了东京都，步履匆匆的武士正要去寻早已等侯在石桥边上的恋人，即使是精心刻画的一场表演也会让我迷失了自己，亦梦亦幻。

井巷子不同于宽窄巷子，散发着与众不同的青春的气息，将古宅重新粉饰，既保留了当时凝练厚重的建筑风骨，又多了几分后现代风情。青石砖墙上有一幅幅的壁画，让一面看似平淡无奇的砖墙延展出一片新空间。画面里，悠长而宁静的街道上，一位老人佝偻着脊背，用力地踩着三轮车，车里盛满蔬菜瓜果，颜色虽是淡淡的灰，但在我心中留下了斑斓的色彩，它向我们展示了老成都最具生活气息的画面。

这里有一道400米长的文化墙，浓缩了成都古往今来的许多故事与过往，很多喜欢考究古物旧事的人都在此驻足停留。

不少穿着时髦的女孩在这里摆姿势拍摄，他们是网店的模特，为了最新一季的衣装而赶拍照片，背后一抹抹灰色的老生活壁画，将鲜亮的衣服烘托得更为耀眼。我不想打扰，不动声色地从她们旁边擦身而过。

想品味什么是“成都生活精神”吗？来宽窄巷子这里走走看看吧，它会满足你关于“慢生活”的一切想象。在露天的茶馆或是咖啡馆，手捧一份报纸，来一盏雨前龙井，耳边是韵味十足的四川歌谣，足够消磨一下午的时光。

春熙路

从宽窄巷子出来，已近黄昏，意外发现了成都的旅游专线公交。复古的车头，古铜色车厢与古铜色的夕阳余晖相映成趣。不知道为什么，竟有一种在 19 世纪的伦敦街头坐老电车的感觉，如转换了时空一般，痴痴然不知世上已何时。

我们的下一站，是春熙路。

出宽窄巷子，在金河街对面坐 58 路车，到总统府站下车，继续往前走一段，便能够看到一座人行天桥，往右边看去便是春熙路了。春熙路是成都最具代表性、也最繁华热闹的商业步行街。

春熙路始建于 1924 年，算得上一条“百年金街”，名字取自《道德经》——“众人熙熙，如享太牢，如春登台”中的“春”“熙”二字。

但过去的春熙路却是另一番光景。这里曾有一口老井，四季清花亮色，挑夫谢师以井为生，不论寒暑都一桶一桶“扯”水上来，再挑往街上的“用户”家。由于年深日久，两个水桶内外都有一层薄薄的青苔。日子就是这么不咸不淡地过着，直到有一年秋天，春熙路接上了自来水，谢师只能挑着空桶黯然离开……

这便是成都曾经的传统职业——水井挑夫的故事，春熙路上这样的老故事还很多，它流传于人们的闲言碎语之中，汇集到人们的心里并留下深深浅浅的烙印，或快乐，或悲伤，不过只有这里的人才知道。

如今的春熙路恰恰与“春熙”二字极为贴切，冬日傍晚的春熙路街头依然行人如织，透着早春的气息。而说到春熙路，则一定不能不提及这里的三大特色，美女、美食和休闲。春熙路是成都的商圈所在，品牌商城栉次鳞比，潮流服饰让人应接不暇。

有人评价说，北方女子爽直能干，如泼墨牡丹；江南女子灵秀古典，如弱柳扶风；三湘女子温柔多情，如清幽白兰；巴蜀女子丽质才情，如晨露玫瑰。

事实上，四川自古盛产才华横溢的美人。早在西汉，便有才女卓文君为爱私奔，当垆买酒，为世间留下了一段《凤求凰》的爱情佳话；唐女皇武则天用美貌和才能赢得皇位，书写下女人的传奇故事；到了唐代晚期，女诗人薛涛美貌过人，精通诗文、音律，八岁即能吟对梧桐诗“枝迎南北鸟，叶送往来风”，深得当时文人墨客的青睐与敬重；即便是神话《白蛇传》中的白娘子，也自称“家住西蜀芙蓉城”，四川人都说，白娘子若不是在蜀中修炼千年，如何汇聚天地之灵气，出落得如此清丽脱俗？

而现在的春熙路，早已成为时尚圈的摄影师们最爱的街拍地之一。随便站在太平洋门口的天桥上放眼一望，街头穿着时尚，妆容精致的美女比比皆是，不愁找不到好的街拍模特儿。而且成都女孩的美正是在于千人千面，各有千秋，走的是洒脱自信的范儿。她们崇尚的是个性体现品位，而不只是品牌，这也是成都特色小店林立的原因之一。

现在虽然是隆冬季节，其他城市的街上，美女们可能早已裹上了大衣、棉毛裤，只有成都的美女依然光鲜亮丽，她们敢想敢做敢穿，短裙、皮草、拉风的机车衣构成了春熙路最亮丽的风景线。

除了美女，春熙路的美食也同样不容错过，龙抄手、韩包子、钟水饺都是成都街头的名小吃。

出春熙路的第一个路口便是一个广场，向前走有一个哈根达斯。想品尝成都的特色小吃吗？那就不要停留，继续右转，是张飞牛肉专卖，这里的牛肉还是非常不错的，或者再绕过去，便是成都龙抄手总店了。

抄手，就是我们常说的馄饨。成都的龙抄手创立于 20 世纪 40 年代，由当时春熙路“浓花茶社”张光武等几位师傅联合开办，取“龙凤呈祥”之意，其特别之处在于皮薄、馅嫩、汤鲜。

此外有一个小吃是成都所特有的——锅魁。成都的锅魁不同于陕西的锅盔，而更像是“肉夹馍”，原料是本地特有的面饼，中间切口，经典口味儿是夹卤肉，素的便是凉菜、大头菜。我要了一个牛肉锅魁，咬下一口，立刻爱上它了，浓浓的肉汁和细腻的肉质，肥瘦正好，搭配外边酥脆的面饼皮，无可比拟的的幸福感在味蕾间扩散开来。虽然有不少连锁店，不过街头小推车上的锅魁味道也不输大店哦！

此外，夫妻肺片、麻辣烧烤、串串香都是别具一格的，价格便宜味道也好，是游客们的最爱。

在春熙路闲逛，不觉时光飞逝，转眼已是夜晚，热闹却丝毫没有退却的意思。霓虹闪耀的各色招牌在夜的魅惑中揭开含情脉脉的面纱，街上的人似乎也卯足了全部热情，尽情挥洒在这五光十色的灯火之中。

我们去街角的咖啡店坐坐吧。对于我们这样的顾客，只需要来一杯咖啡给自己的脚减减压，不过对于另一些人而言，却有了别样的浪漫情调。我总是喜欢在闲暇的时候发挥一些想象力，洞悉身边的故事，不能走近，只是欣赏。

临窗的座位，有一对恋人，不过二十四五，暖暖烛光下，男孩眉飞色舞地说着什么，对面的女孩浅浅的微笑，突然男孩如变魔术般掏出一个锦盒，推到女孩面前，那是一枚婚戒。是在求婚吗？突然，连我这远处的陌生人也有些莫名的感动。女孩不言不语，弯弯的眼睛却满溢着幸福。

这是一个怎样特别的地方呢？也许对于我们这些人而言再普通不过，但对他们来说，可能是当年第一次牵手约会的地方，或者是被迫相亲却意外发现了自己真命天子或女神的地方。

不论如何，我都在心底默默祝福他们。也许现实中很多变质的爱情让人迷茫彷徨，不知是该相信还是放弃；也许现实中有许多石破天惊的伟大爱情，最后因为不甘平庸而惨淡收场。但越是平淡才越叫人感动，因为幸福是越长久越弥足珍贵。

站在人行天桥上往下看，仍是琳琅满目的店铺、熙熙攘攘的人群，突然有了梦想照进现实的感觉。曾几何时，我流连在都市的那片繁华，行走，行走，关于爱。斑斓的灯火，执着的梦想，有了交集。

草堂篇

上午时分，原本晴好的天气却有了变化，细雨不期而至，柔柔软软地落在身上，和着浓浓的绿色融为一体，奏响了一曲绿意盎然的冬日序曲。碧绿的竹林掩映在草庐篱笆间，放眼望去是满眼翠色，这里是杜甫草堂。

杜甫草堂位于成都西门外的浣花溪畔。公元759年，一个同样寒冷而萧瑟的冬天，唐代诗人杜甫为避“安史之乱”带着一家老小由陇入蜀定居，营建起几间茅屋草房，当时称“成都草堂”，后人称之为“杜甫草堂”。杜甫在此居住时间并不算长，只有短短3年，却留下了240余篇传世佳作。

如今的草堂作为观光景点向游客开放，是并连了东邻的梵安寺和西邻的梅园整合而成。成片的梅林，广阔的竹海，古典的园林建筑，世外桃源一般，难怪能够给杜甫的诗文注入无尽的生命情趣，这里也是众多成都人留下美好回忆的地方。

你看过《好雨时节》吗？虽然只是一部票房不算太高的文艺片，但韩国导演许秦豪的镜头下却记录了成都的另一面。少了喧嚣与繁华，多了一份宁静与悠远。跟着舒缓的音乐，一段悲伤又炙热的爱情铺陈开来，弥漫着淡淡的忧伤，纤尘不染，背街暖暖，是繁华喧闹之后的别样宁静。

草堂有着同样唯美而细腻的画面与情感，明净的色调，静谧却蕴藏生机，给每一位来客带来生命的惊喜。

电影中高圆圆饰演的吴月在竹子上发现一段段爱的宣言，从而燃起了对生活新的希望。这样的好奇心驱使我也走进竹林，希望能找到当时的那棵竹子，不过可惜事与愿违，却意外发现了更多一些陌生的名字和可爱的情话，很温馨的气息伴随这冬雨洒落下来，而一种暖暖的东西却悄无声息涌上心头。

淅淅沥沥的雨打在草堂的房檐和竹叶上，过曝的光线和柔和的轮廓，男女主角的背影渐渐模糊在这片深深浅浅的绿色之中，构成了全剧一丝惆怅和更多温馨基调。而在杜甫草堂，仿佛在欣赏一部文艺默片，抑或是自己也走入其中，充斥着浓浓的怀旧的味道。那始终连绵不绝的雨丝，不矫揉也不造作，取而代之的是一种温婉而平实的感动。

雨湿润了竹叶，细细密密沁润出一层水珠，慢慢的滚到一块儿，终于顺着叶尖儿滴落下来。我静静地伫在那里，久久凝视它们，心中波澜不惊，出奇的平静，烟雨朦胧的竹林宛若仙境。午后的冬雨，游人不多，正是独享寂静的时刻。我撑着伞，一个人暗自品味这份诗意。穿过大廨，出诗史堂，便有溪水穿插在建筑之中萦回，孱孱细流伴随着竹叶喧动；小桥勾连，古朴而又清幽，柴门迎面而开。

时光倒回一千二百年前，杜甫漂泊在江河之上，他手抚诗卷，双眉紧蹙，正向苍天发出“乾坤含疮痍，忧虞何时毕”的沉重喟叹；又或者他漫步在清风明月下的竹园中，略一沉吟，便有“好雨知时节，当春乃发生。随风潜入夜，润物细无声”这样的千古佳句，杜甫的一生命运多舛，颠沛流离，却在草堂度过了短暂而美好的3年时光。

当然，这里的静谧与诗意并不是全部，转角之处必有惊喜，对于杜甫草堂来说亦是如此。这是一面涂鸦墙，“杜甫，我爱你！”喷薄而出的红色、黄色的油彩，色彩斑斓的蝴蝶翩翩起舞，还有很多零碎的诗句“风吹万里云”，让我重返现实，这就是成都的独特之处——从来不缺历史的沧桑和现实的张扬。

锦里

锦里是伴随着武侯祠的开放而发展起来的民俗一条街，集中展示巴蜀民风民俗和三国蜀汉风情。虽然近些年来才被八方游客熟知，但事实上，早在秦汉、三国时期，锦里就以商业文化闻名全国。

锦里的街道并不悠长，长 350 米，宽不足 4 米，却别有韵味，它浓缩了成都生活的精华。茶楼、戏台、客栈、酒吧、商铺、桥梁、牌坊不一而足，每一样都被赋予了浓浓的巴蜀风情。

午后的锦里，被阳光晾晒得暖意洋洋。街面是清一色川西建筑风格，粉墙黛瓦、马头墙、飞檐角，挑楼下的灯笼迎风招展。热闹非凡的街道人流穿梭如织，古雅的木楼红灯笼却将锦里装扮得别样古朴宁静。前面的摊位被孩子们叽叽喳喳地围成一圈，咱们一起上前看看是怎么回事吧……原来是一个五十开外的老艺人在做糖画呢。

锅里的饴糖早已被熬得丝丝发亮，艺人舀起一勺糖浆，铁勺微斜，手腕略略抖动，糖浆便细若游丝般从勺中流淌下来，糖丝在案板上游走，不一会儿，一只体态轻盈的小鸟便跃然而出，粘上竹签，一压，再用竹挑子轻轻一剔，一幅生动的糖画便算是完成了，孩子们眼馋巴巴地等在一旁，欢呼雀跃声不绝于耳。

不知怎么的，便想到小时候的自己。记忆里，有笑容慈祥的老人，笑眯眯地让我转糖画，我会用可怜兮兮的眼神看着身边的大人，等得到同意了，才欢天喜地地举起胖乎乎的小手，在转盘的指针上用力一拨，指针转得飞快，终于落定在了小兔画上，味道虽然不见得多好，可光看着便觉得赏心悦目，不忍心吃下去。

如今的糖画还是没有任何改变，依旧是大理石板的案几，旁边的转盘画着蝴蝶、寿桃、小鸟、龙、凤等，所不同的是架锅的煤球炉换成了液化气灶，做糖画的老艺人依旧是孩子们眼中最厉害的人物。

现代钢筋水泥铸成的都市，早已难觅这些民俗艺术的踪迹，而只有到了锦里的深街小巷，才能再找到时光倒流儿时的场景。而这糖画有了几分铁画的意趣，风骨棱棱，线条硬朗，却不失活泼与别致，难怪受到如此多孩子的欢迎，也让久在城市中的自己回味到许多温暖。

此刻的锦里，可以从今天的风物里找寻昨天的故事；也能从往昔蕴藏的故事中，演绎今日的繁华。

继续向前走，是一家蚕丝被的手工坊，三四个身着蓝底白花扎染土布的织娘们在里边忙碌着。青涩的蚕茧堆在石灶上的木甑里，高高的，这是在等待上锅蒸制；而后还要晾晒风干，四方的木床架上两个织娘在扯丝铺被；另一边，木窗之下，年轻的西蜀织娘正摆弄着木制织机制作蚕丝挂毯，札扎弄机杼，脉脉不得语。

古时的绣娘是否也是日日对着织机，默默纺织呢？几十年里，

錦里

芊芊素指长出了粗糙的老茧，娟秀面容而沧桑蜕变；却正是这无言的生命中，一匹匹锦缎从织机流向绸缎庄，再到富贵人家的华衣美服。一台织机，织入了她们的青春岁月，书写着多少女人的心事与哀愁。

蚕丝手工坊的墙上是一排排货柜，摆放着各色蚕丝被和丝绸服装，店铺的老板王先生告诉我说，虽然这边现场制作的场景有表演痕迹，但重在让顾客体验和了解古法纺织的文化，因为货真价实，生意还是不错的。

继续向前走，便是戏楼，这是一个古朴的二层四合院小楼，楼上高高的戏台，台下里竹椅、木凳早已齐备下了，也有贵宾专座，八仙桌、太师椅，自有一番尊贵韵味，只等鸣锣开唱了。

走进茶座原来早已满堂，拣一个靠后的座位坐下，女服务生端上盖碗茶和一些零嘴小吃，享受独属于成都的这份巴适和温馨。茶味有些淡，但表演却很精彩。蓝缎锦衣的“茶博士”右手提着紫铜长嘴壶，舒展身姿，茶船落桌，叮哨连声满桌开花，那长嘴壶顷刻间便如赤龙吐水落在茶碗里，行云流水般美不胜收，不愧是名扬四海的茶艺表演；饮一杯清茶，看变幻莫测的川剧变脸演绎着难忘的离合悲欢，悠闲自得的品茗看戏，便有了浮生若梦的感觉。

在锦里，总有一股原味的市井生活充斥其间，不是不食人间的仙境，而是凡夫俗子的乐土。这里的民俗玩意琳琅满目，花里胡哨，虽然是大红大绿的刺绣绸缎，但却并不艳俗，反而与这古朴的街道相得益彰。

前面是张飞牛肉店，同样有扮演成黑脸张飞的店员在店外吆喝，可以上去吃一碗张飞牛肉粉，不过谢绝照相，所以揣好相机。咱们继续向前吧。

今天的运气不错，在大街上碰到了传统婚礼的表演。吹吹打打的唢呐锣鼓喧天，一顶大红花轿被穿戴大红大紫的轿夫们抬上前来，风吹起花轿的窗帘，可以窥见面贴花黄、头戴凤冠的新娘喜气洋洋，美丽动人。当然，你也可以参与其中，价格是十到数十元不等，如果你对此没有兴趣，那么可以谢绝他们的邀请。我们走吧！

不觉已是傍晚，暮光初临。喜欢这样夜色凉如水的夜，信步街头。两旁的水榭楼台让人仿若置身画中，抬头看屋檐下的走马灯在风中乱舞，这样的灯笼总是贯穿在锦里街道的始终，也漂浮到我梦中，模模糊糊，似有若无。

一个女孩倚在二楼雕花护栏上举起相机，似乎在记录美丽街景的画面，而我也匆匆举起相机，抓拍下这样动人的景。“你站在桥上看风景，看风景的人在楼下看你”，我们都会走进彼此的画面中，陌生又熟悉。明月装饰了你的画面，只不知你装饰了谁的梦？

来到锦里，可以尝尝这里的特色小吃，肥肠粉、酸豆花、蛋烘糕、成都担担面、麻婆豆腐等，品种丰富，价格也不贵，点上一碟小菜吧，我会等你的。对了，如果不习惯吃辣，一定要及早告诉餐馆的服务生哦，不然一定会被火红的小川椒呛得眼泪直流。

吃完饭了吗？那我们继续上路吧。

“梆——梆——梆”听见了吗？这是夜晚的打更声，是这里民俗表演的一部分，更夫们身着传统服饰，不紧不慢地敲起传统的木梆和铜锣，他们念到“一更打响，敬告街坊，水缸担满，火种严防；

灶前灶后，打扫溜光……”，悠长的声调在夜暮中回荡。

夜里当然还有不容错过的节目，那便是皮影戏，而且这里的艺人并不忌讳游客在他身后观察“幕后真相”，遇上好心的师傅，跟你聊到兴起，甚至会同意你亲手操纵一下这些影偶，而旁边还有整面整面的皮影戏偶等待出售。

成都的皮影戏与北方的不同，唱腔更为轻快活泼，影偶刻画的线条更为柔和，包括人物的头、发饰、帽冠都能拆卸下来，自由组合，所以人物形象也更富于变化，通常一场戏下来，可能依照不同的环境，换了两三套行头。成都的皮影戏前清年间还被作为贡品送进宫去供皇帝和后宫佳丽们消遣玩耍。

眼前这是一出“猪八戒背媳妇”的戏码，八戒与媳妇在台上跳起了热辣的拉丁，实在别有一番趣味，也只有成都人把这皮影戏做到如此创新花样百出。

看完皮影戏，我们去酒吧里小酌一杯吧。这里是煮酒坊，锦里的三国主题酒吧。仿古的建筑如同昔日的小酒馆，没有西洋酒，取而代之的是烧酒、米酒和黄酒，清一色的土碗、土杯盏，连酒单也是沉甸甸的竹简。给我二两青梅酒，一碟毛豆就好。你会要点什么呢?

怀想曹、刘二人在小亭之中对饮，曹操言:“今天下英雄，唯使君与操耳！”刘备大吃一惊，手中筷子应声落地，当时的刘备是何等惊慌失措? 还好恰好天边一道惊雷闪现，刘备巧妙地用雷声掩饰心中惶恐逃过一劫。曹操不愧为一代枭雄，刘备也不失智谋气节。今效仿古人，岂不快哉?

梦回三国。

酒吧里还有围坐成一圈大摆龙门阵的人，他们多半是这里的原住民，依靠着这里的旅游商业维持生活，虽不富裕，但亦不清贫，只是安然享受这份惬意与闲适。我也静坐在酒吧一隅，对着哗啦哗啦的麻将声，再续一杯青梅酒。

锦里就是这样一条街，让怀旧的人找到童年的金色年华，让寻觅美食的人满足口腹之欲，让找寻历史痕迹的人满足对千古风流的无限怀想，日子就在这嬉戏闲散的时光中缓缓流逝。

合江亭篇

合江亭是成都的标志之一，成都的母亲河——府河、南河就在此交汇。合江亭的历史很久远，早在1200百年前就有驶往东吴的万里征帆从这里起航。它也很普通，没有特别的高阁飞檐，算不上富丽堂皇，但在成都人人心中，它却有着特别的含义——爱情。

小时候，就常听大人们说，合江亭下的两条河本是分开的，直到这里才合二为一，像极了恋人的结合，从此合为一体、不分彼此。因此，合江亭也成为成都的新人们不约而同选择的结婚地点，他们都希望借合江亭的美好寓意祝福往后的婚姻美满幸福。

合江亭的浪漫还远不止如此，亭边的马路专设了一条爱情斑马线，原本只是想提示新人们沉浸于幸福的同时注意交通安全，无意间却成为见证爱情的又一圣地，每至良辰吉日便有几十乃至上百对新人在这里扎堆拍照留影或是举行婚礼。

红色的地面，白色斑马线上绘有心心相印的“I Love You”的图样，怎不让人感受到甜蜜温馨的气息？即使是交通繁忙的时候，只要遇到有新人在此横穿马路，司机们都会自觉放慢速度，为爱情让步。

今天的成都，虽是黄昏，太阳却终于露出久违的笑脸，空气中荡漾着层层的暖意。偶然间抬眼，见到头披白纱，手捧花束的新娘步履匆匆地从爱情斑马线上穿行而过；一旁还有穿戴整齐的新郎，颤抖的胳膊扶着新娘的肩膀，一手托住她险些落地的裙尾，以便顺利通过车流的考验。是呀，以后还有多少人生障碍要靠二人携手相互搀扶、共同度过呢！

阳光洒下来，落在新娘长长的睫毛上，在眼睑上投射下细细密密的倒影，弯弯的眼睛洋溢着幸福的光芒；穿过马路，两人松了口气，对视，微笑。这样默契的灵犀让旁人艳羡。

张爱玲说“于千万人之中遇见你所遇见的人”，于千万年之中，时间的无涯的荒野里，没有早一步，也没有晚一步，刚巧赶上了，没有别的话可说，惟有轻轻地问一声：“噢，你也在这里？”

相遇、相知、相爱、相许、相守终生，人生的幸福莫过于此吧？

继续向南河上游走一段，我们可以看到一座古色古香的桥横跨江面，这便是廊桥。成都人常说“天上鹊桥，地上廊桥”，可见廊桥在人们心中的价值和美好夙愿。暮色笼罩下的廊桥楚楚动人，像一个情窦初开的少女，带着还未褪尽的青涩，低声呢喃着关于爱的絮语。

看两岸的灯火如繁花般次第开放，好一片火树银花不夜天。立于桥头，对着平静的河面暗自思量。清风徐来，吹皱了一湾春水，波光粼粼的河流，静静地找寻着它们自己的方向；我的思绪也随水逐流，漂向远方。这样的时刻，适合一个人想着淡淡的心事，沉醉其中，心也变得出奇的平静。

曾有玉人伫立桥头，吹动手中竹箫，箫声悠扬空灵，等爱人归来；曾有异乡游子，临月而吟，叹人生苦短，乡愁何处；曾有兵荒马乱时，车辚辚，马萧萧，诉说悲欢离合。一座桥，隐藏着太多故事。

相传马可波罗来中国时，描绘了四座桥，而廊桥就是其中之一。廊桥被橙黄的射灯点缀得流光溢彩，灯火通明宛若仙境，江面上有烟雨画舫、乌篷船，当年天子乘船游历江南所看到的也不过如此吧。希望时间就此停住脚步，所有的华丽转身消失不见，但心中的那份感动却久久无法平息。

如今的廊桥，也是人们喝茶聊天的好地方，泡一壶菊花清茶，茶客们开始聊起自己的故事，或琐屑，或快乐，或无奈，不过表情都很淡然，似乎早已看破世间庞杂纷扰。大概也只有成都人才能如此否极泰来，安然适之。

廊桥岸边，有兰桂坊，成都夜生活的新天地。

兰桂坊·水井坊篇

合江亭对面，便是兰桂坊，地址是锦江区水津街 1 号。成都的兰桂坊，亦是由香港兰桂坊的创始人盛智文投资建立的，汇集了大小酒吧和餐厅乃至画廊等休闲中心，不过这里的兰桂坊比之香港的，却要大上十几倍，而且融合了更多成都本土化的风味。

成都人号称真正的“生活家”，不论收入、年龄、身份、阶层，每个人都有与生俱来的乐观性格——骑单车的喝啤酒，开宝马的吃串串，街坊阿婆五星级酒店乘凉不心虚，百万富翁街边吃碗担面不丢人。没有人用惊异的眼神看着谁，因为人们都乐在其中，成都有句老话说的好：“日子是水，自己是鱼，游着走就是了。”

走进兰桂坊，期待的喧哗与疯狂却不曾出现，酒吧林立，夜店迷离，星巴克里坐着三三两两的顾客，孤寂的灯光下总透着那么一丝落寞。

酒吧内或是一人慵懒独坐，或是二人相对，谈天论地，还有三五知己窃窃私语。吧台上偶见一金发碧眼的外国女孩坐在高脚凳上，用细长的鞋跟有节奏地敲击地面，“砰——砰——砰砰”，幽暗的灯光下，眼神迷离而忧伤。吧内的调酒师挥舞着手中的酒瓶，动作娴熟而优雅，带着烟花的酒瓶如同精灵一般在空中划出美丽的弧线，与并不算聒噪的音乐有着水乳交融的默契。顷刻间，一杯“红粉佳人”递到女孩的桌前，调酒师的脸上总写着亲切与善意，我心中的好感便徒增几分。

出酒吧来，是一片一片的草坪和小露台，树木枝椏披挂着成串的霓虹流光溢彩，而形似水立方的顶棚依旧不知疲倦地变幻着颜色，树下有一对情侣，女孩坐在金色秋千上，轻轻摇着脚，不时与身后的男孩耳语，荡起一串笑声，很温情的画面。

而与兰桂坊一街之隔便是水井坊，曾经的水井街是充满浓郁旧成都风味的老街，清光绪年间因为备战火灾，广挖水井而得名。那里聚集着许多老成都们回忆的点点滴滴。

过去，这里有很多香油坊，每到年关将至，整条街总弥漫着酥酥软软的油香，邻家的娃娃因为打翻香油瓶而被店铺老板呼喝着找家长而哭红鼻子；五月槐花开放的季节，外婆颤颤巍巍的手，举着绑铁钩的竹竿，去钩那娇嫩的槐花，花朵儿一串串、一串串地簌簌落下，五六岁的孩子在树下兴奋地拾起来，“一串——两串——三串……”，我的童年时光也跟着一丝一丝涌上心头；在下河坝上背着书包的男孩子们在河滩边专拣平角的石块，比赛谁的水漂打得远，石块跳跃，荡漾出的涟漪如莲花般在水中绽放；东城区图书馆的那个古老阅览室里，留下了许多人勤奋学习的痕迹；而水井街最让人留恋的莫过于那些“苍蝇馆子”，黄伞巷的夫妻肺片、香巷子的拌耳丝、古槐巷老茶铺的豆腐鱼等。

“苍蝇馆子”自然不是真有苍蝇，而是成都人对于好吃又便宜的餐馆的爱称，这些店铺往往朴实简陋，桌椅破烂，甚至隐藏在深街陋巷。店老板通常身兼大厨、服务员、账房先生等各路角色，因为小本经营，随时可能阴沟翻船、搬离不见，也可能数十年如一日不扩大经营，但正是其独具特色的风味和招牌菜而让人流连忘返。可以说，每个成都人的心目中，都藏着一份苍蝇馆子的地图。

水井街的故事还远不止如此。水井街 19 号——过去是一个老酒厂，酿酒品质不错，颇受市民欢迎，水井街也常常飘散出浓郁的酒糟味，让人沉醉在昔日的风月之中。住在附近的酒厂工人们下班

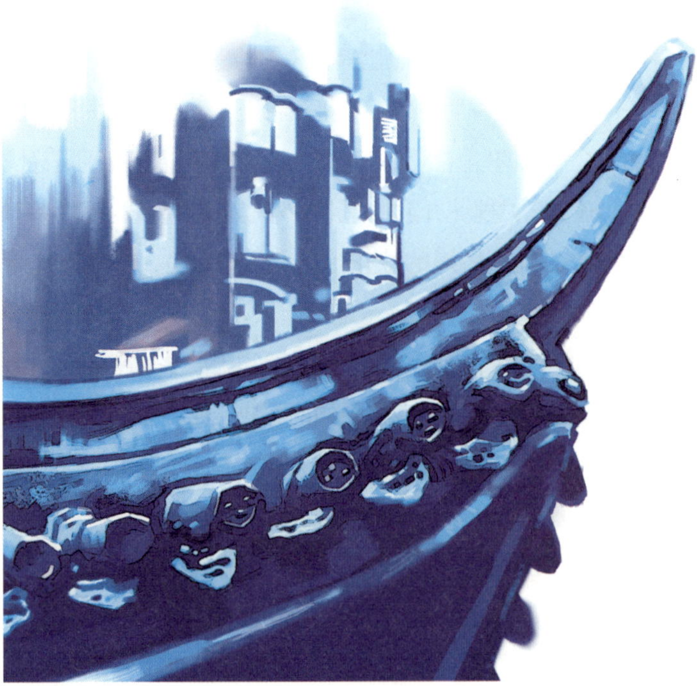

后常常就着一碟花生米，一边喝酒一边划拳，然后才醉醺醺地打着酒嗝回家去，不过这样的的日子早已一去不复返了。

这里因为在 1998 年对曲酒生产车间的改造中，意外发现了古代水井街酒坊的遗址而备受关注。颇为神奇的是这里的酿酒生产居然延续了 600 多年却从未间断，因为保留着我国酿酒历史的众多珍贵资料，堪称“中国白酒第一坊”，所以酒厂也就不再在这里酿酒了。

事实上，元末明初年间的水井坊就曾经演绎着酒吧的雏形。相传，当时有一位王姓客商，胸怀大志，一心想要集蜀酒酿造之大成，经过不懈努力，终于酿造出了独具特色的佳酿，而他酿酒的风水宝地就设在了大佛寺旁。从此王家的自酿美酒香飘府河、南河一带的大街小巷，引来无数商贾名流，随后，水井街上又陆续开了许多小酒馆，可谓酒旗飘舞，歌舞升平，名噪一时。

往昔的喧哗如过眼烟云，早已消散，不过水井坊白酒的品牌却被发扬光大，如今已是上市公司。水井街被政府修葺一新后，重新对外开放，这里少了一些“苍蝇馆子”，却多了一些历史的痕迹，酒香、文物、成都民俗，以及所有这里的核心元素。水井街见证着历史沧桑，追忆着成都诗情酒意的似水年华，而我们不过只是匆匆过客而已，想想这些，顿觉释怀。

成都，一座来了就不想离开的城市；成都，一座来了还想再来的城市。安逸的生活，知足的快乐，让每一个异乡的游客都能感到温暖和惬意。很想留下来，只是，我的旅途还将继续。

泊船秦淮河上，水乡人家的青砖黛瓦宛如淡墨水粉；春日的烟柳，蘸着晕黄绿纱轻笼石板街道；燕子矶上的亭台上，附庸风雅的文人书卷气依稀可见；旧时王谢堂前的雨燕，早不知飞入哪户寻常人家搭巢建窝；只有斑驳的台城低下头来，与玄武湖的水相依相偎，静静诉说旧日的时光。

记忆

Chapter 4

南京

十里秦淮

南京的故事太多，每一条小巷、每一座楼阁、每一块砖石，即便是垂柳，都有诉不尽的稗官野史留与后人说。

秦淮河，是南京的第一大河，碧水如同一条玉带蜿蜒穿行于南京城区；而东水关遗址码头就是秦淮河在南京城的入口，也是我们此次秦淮之旅的起点，我们将从这出发向西，沿水路一同找寻潜藏在秦淮深处的故事。看到前面停泊的那座画舫了吗？船头系着一串灯笼的那个，登上船来，我会在这里等你。

南京的春天总是有细雨的徜徉，似乎只有这淅淅沥沥的雨丝才能代表最美的江南。船行河间，仰望两岸秦淮人家，马头墙、青黛瓦，墙头钻出的一棵棵小草在风雨中摇曳生姿，这才了解了“春雨贵如油”的含义。一串串红纸灯笼挂在桅杆之上，给这清淡再清淡的色调中抹上了一笔艳丽，只是风吹雨打，红色的染料淡去，又融入这灰墙碧水间了。

低头俯看，有水波粼粼，船行破水而过的波浪声，打破了这沉醉不知归路的宁静。前方的小木桥上有未施粉黛的女子翩然走过，手中举的却不是油纸伞，而是缀满碎花的布伞。雨下得更密了，视线渐渐有些模糊，这小桥流水人家便被掩映在这轻纱般的雨雾之中，飘飘渺渺，如泣如诉。

过文正桥，右手边有吴敬梓的故居，这位曾经写下鸿篇巨制《儒林外史》的浪子，祖辈二代就有六名进士，只是文不过三代，到了父辈已是家道中落，落入俗套的没落贵族的故事，从小看惯风花雪月，争名夺利，也养就了他豪放不羁的个性，一句“老伶小蛮共卧起，放达不羁如痴憨”被后世纨绔子弟如获宝鉴。过去的风流已无从考证，只是这些怡情的故事却仍流转在人们心中。

继续顺水而行，又是一座小桥，它叫“平江桥”，水面以南有王昌龄曾大宴宾客的楼阁，临水高台，飞檐翘角掩映在绿树碧水中。王昌龄是盛唐时期的大诗人，在南京做官期间经常在淮水、白鹭洲一带以酒会友，写下了许多脍炙人口的诗篇，传说当时的歌妓文姬争相吟唱他的诗句，为获得一手亲笔题词而争风吃醋。南京的桥很多，低低矮矮，古朴轻盈，每每坐船穿桥而过，低矮的桥身总有在我头顶上轻轻擦过的感觉。而这里的每一个僻静的小巷又似乎都藏着自己的典故，它的纸页已经泛黄，幽幽散发着古老的书香味。

河道逐渐变得宽广，我们快到夫子庙了。

夫子庙

画舫聚拢，那复古的雕梁彩画都彰显着陈年往日的奢华。河道一侧的桥面，有双龙戏珠的金色浮雕，这里就是夫子庙一区了，我们上岸去逛逛吧，先去北岸看看夫子庙、贡院旧址如何？

夫子庙，始建于1034年，原本是供奉和祭祀孔子的地方，也是学堂私塾的集中地。风声雨声读书声，声声入耳，少年学子们都聚集在这里，读圣贤书，论孔孟之道，衣袂飘逸神采飞扬的意气仿佛仍在眼前。现在看到的夫子庙建筑群很宽广，包括庙前的聚星亭、思乐亭，中轴线上的棂星门、明远楼等等，不过他们并非古物，而是为了提升文化品位，在1985年之后在原址上修复的。

与夫子庙毗邻的是江南贡院，它始建于南宋1168年，开始只是作为县学、府学使用，到了明清时期开始改为乡试、会试的场地，规模也迅速扩大，鼎盛时期曾有三十万平方米，考生号舍20644间，是中国古代最大的科举考场。江南才子才华横溢，仅仅是清朝，江南贡院考区就产生了58位状元，榜眼、探花更是不胜枚举，占了大清朝的半壁江山，唐伯虎、郑板桥、吴承恩、吴敬梓、张謇都是从这里走出来的。

现在的贡院建起了历史陈列馆，经过修葺和复原，依稀有了当年的风貌。进入江南贡院的朱门牌坊，向前走去便可以看到诸多铜像，林则徐、曾国藩等等，他们都是曾经在这里考试或监考的文人。铜像立在这苍天之下，风雨之中，如同站在曾经的历史舞台，光芒依旧。前方是明远楼，楼高三层，四面都有花格窗，据说是为了方便监考官员们监视应试士子入贡院考试的情况。致公堂前有一道铜质龙门坎，我们提脚跨过去吧，希望借这“跨龙门”的良好寓意获得幸运女神的眷顾，当年的秀才们不也是希望凭着满腹学识获得“鱼跃龙门”的机会么？

修竹茂林的掩隐下，那一溜长房便是考生号舍了。朱自清先生提及，晚清时期的号舍，也依照天字号、地字号等编号一字排开，每间恰好能容纳一个人坐下，然后吃饭、睡觉、做文章就都在其中。入场前有专员搜夹带，然后考试依次归号入座。开场后，头场题出来，就会有号军扛着题在各舍前走。乡试时场外有兵巡逻，避免考场舞弊，而场内则会竖起黑幡，叫鬼魂们有冤报冤，有仇报仇。听来真有点毛骨悚然。

科场的故事太多，诉说不尽，多少人在其中摸爬滚打，付出了一生。大喜过望者有之，悲从中来者有之；郁郁不得志者有之，春风得意少年郎者亦有之。吴敬梓的《儒林外史》就有不少写到科举黑暗的故事，讽刺调侃，嗔笑迂腐文人，追名逐利不过是浮华烟云。

这些都不过是些陈年旧事，如今的夫子庙、如今的贡院早已没有书声朗朗，文人风流，但花花世界繁华依旧，卖食品小吃的、卖图书字画的、摇卦算命的都有，看来从古至今的文化渊源从未曾断绝。东北角的就是桃叶渡，虽然看似普通，却也隐藏了王献之与爱妾“桃叶映红花，无风自婀娜”的一段风流故事。

广场上有秦淮八艳的巨型宫灯，似乎又多添了一抹香艳，它撒着金粉，有着迷迭香般的胭脂气，从烟雨楼阁中款款走来。才俊文人所聚集之处，本来就不缺少风流韵事。一代名伶董小宛便是其中之一，她的才色冠秦淮歌妓之首，得到多少青年才俊垂青，却偏爱贫困潦倒的冒辟疆。当时的她薄醉未醒，面晕浅春，却神色天然，这惊鸿一瞥足以让冒辟疆惊为天人；而真正打动她的却是冒辟疆的的才学，一篇《影梅庵忆语》让人们记住了这段才子佳人的千古佳话；柳如是又是另一位奇女子，虽为一辈女流却有铮铮风骨，有爱恋之心却屡屡受挫，终于下嫁给钱谦益；还有倾城之貌的陈圆圆，因为与吴三桂的诸多风流被后世唾弃为“红颜祸水”，只是历史早有定论。

秦淮河水流脉脉，细如丝，滑如绸，透出影影绰绰的古典之气，流露着唐诗宋词里独有的婉约。水花中染尽脂粉，打着旋儿漂向滚滚长江。我感受历史的涟漪，只是快乐的过客。

乌衣巷

穿过文德桥，我们去南岸看看乌衣巷——这个满是诗情的地方。

春雨初霁，光线一下子明亮起来，文德桥上人潮涌动，路旁的桃枝也吐露出一个又一个的花苞，在嫩绿的桃叶旁羞涩地低下头来，清新而水润。午后的乌衣巷口已是人山人海，“朱雀桥边野草花，乌衣巷口夕阳斜”，说的正是这乌衣巷。它的历史也很深很长，因为三国时期镇守石头城的军士都身穿黑色兵服而得名“乌衣”，到了东晋时期，豪门望族王导、谢安将家宅安于此地，从而有了现在的“王谢故居”。

王导辅佐司马睿重组政权，得以使东晋王朝延续百年；谢安指挥淝水之战，以少胜多大败符秦百万大军，书写了中国战争史上的奇迹，王谢二字也因而名垂千古。而王谢两家更是人才辈出，王家的王羲之书法了得，他的行书翩若惊鸿，婉若游龙，被称为“书圣”，而王献之的书法登峰造极更甚于父亲，后世将他们并称为“二王”；谢家的谢灵运也是中国山水诗派的开山鼻祖，与后辈的谢惠连、谢眺在文学史上并称“三谢”。

王谢当年的风光无限我们无从知道，连唐代诗人刘禹锡也未曾见到王谢旧宅的影子，所以才有了诗句的下半段：“旧时王谢堂前燕，飞入寻常百姓家。”如今的乌衣巷仍然住着百姓人家，但是往来不断的游人却带来了新的繁盛，车水马龙应该更甚从前。

沿着大石坝街向西南方向走上几步，便是李香君故居。这里有些安静，几对花窗后有鸟儿啾啾。孔尚任《桃花扇》笔下的李香君是一位敢爱敢恨的义气女子，她虽是青楼文妓，却对风流倜傥的侯方域一见倾心，而甘愿守节一生；只是生逢乱世，士大夫、文人都成不了气候，香君被阮大铖逼婚，宁肯头撞梁柱，血溅桃花扇，侯郎却也没有回来。堂前种下的几株桃树，花朵含苞待放，有点点鹅黄缀在突兀桃枝上，那是桃叶芽，不知是否在娓娓道来一曲《桃花扇》，诉说着香君未完的故事。

想品味什么是“青砖小瓦马头墙，回廊桂落花格窗”吗？我们上临水的回廊坐坐吧！饮上一杯清茶，就这样心无旁骛，看金陵的这抹春痕，看秦淮河上的烟波画船，看对面水榭亭台的琉璃瓦在阳光下泛着油亮的光泽。耳边还有百转千回的昆曲咏唱，原来是戏园里的学徒在练嗓子，小姑娘不过十二三岁，水杏般的一对眼睛颇有神采，嗓音还有些生涩，却卯足了劲要唱出一段佳曲，一身青衫淡雅得自然。阳光倾斜下来，空气都像柔软剔透的糖果玻璃纸，被揉碎在这淡淡时光中。

天色渐暗，你饿了吗？我们去西南一角的小吃街吃点什么吧？这里的小吃很多，听说有上百个品种呢，据我所知：蒋有记的牛肉汤和牛肉锅贴，莲湖糕团店的桂花夹心小元宵，奇芳阁的什锦菜包等都很不错，号称“秦淮八绝”，你一定得尝尝看了。不过这里的口味偏清淡，不知你是否习惯？还有老字号永和园的铁蛋也值得一试，别看它黑不溜秋，却是由20多种香料熬上两天两夜才做成的，口感嘛，有一点像牛板筋，用牙签都很难扎进去，所以需要细细嚼，慢慢品喽。再挑上几枚别致的雨花石吧，南京的特产，如今的雨花台要觅得奇石恐怕很难了。

重新登船吧，我们随水漂泊，看看夜晚秦淮河的别样风景。飞檐拱角之上有霓虹闪烁，马头墙上流光溢彩的酒吧招牌暗自妖娆，玫瑰色的水波令人沉醉不能自拔，我在心中暗暗体会唐代诗人杜牧笔下的“烟笼寒水夜笼沙，夜泊秦淮近酒家”的意境。而每逢元宵佳节，成千上万的南京人都会像朝圣般的涌来河边，人手一盏手扎花灯，放入河中，花灯顺水飘落，如万朵睡莲绽放河道，那一刻仍可见旧时秦淮的绝佳风味。

钟山

进入钟山，随处可见苍天大树亭亭如盖，走在这夹道的绿树之间，清幽静谧，山林深处便是中山陵，我们的第四站。

沿着这三百九十二级台阶拾级而上，前方便是中山陵的祭堂。台阶很长很高，我低头只顾脚下的路，生怕踏空跌倒；偶尔抬眼看看高处的殿堂，遥远又切近。孙中山先生的一生都艰难跋涉在追寻三民主义的漫漫长路上，这情怀精神便从这两重门中缓缓延伸；理想也不过如此吧，本来就是远在天边又近在咫尺的东西，锲而不舍努力追求，才会有实现的一天，越来越靠近，越来越靠近，它的光、它的热温暖着我的心。

中山陵是建筑师吕彦的作品，从高空往下看，便是一座“自由钟”平卧在如茵绿绒毯上，虽未听到洪然钟声响起，但见巍巍钟山岿然屹立，注视着眼前的一切，为腥风血雨的昨天清理思绪，为充满希望的今天和明天接风洗尘，扬帆起航。

青的琉璃瓦、白的砖石墙都在阳光下熠熠生辉。青天的青，白日的白，想来是表示光明崇高的意思，估计也暗含了孙中山先生一生追求“天下为公”的广阔胸襟，也符合了当时中华民国国旗的颜色——青天白日满地红。这红色也是国人最喜爱的颜色，用热情奔放的心迎接崭新的未来。

下一处我们去旁边的明孝陵看看吧！这里是明朝开国皇帝朱元璋和皇后马氏的合葬地。朱元璋一生都有着浓重的传奇色彩，从一个乞丐、和尚到将帅之才，最后称帝，其间历尽曲折坎坷又充满神秘气息。神秘也许并不神秘，祥云也好，天子也罢，不过是为了讹骗世人甘心服从统治的幌子，但他的经营国策却值得赞赏：虽宁枉勿纵，迫害了许多开国功臣，背负万千骂名，但却并不妨碍他成为一位励精图治的好皇帝。在他统治时期的明朝，经济国力都得到了有效恢复，官吏惩治也初见成效，文化教育有了长足的进步，政绩足以令后人称道。只是站在明楼上，抬眼看万里长空一碧如洗，想到历史的瞬息变化也不过沧海一粟……

明孝陵的翁仲路上有石人石像，或身着盔甲，或衣带飘飘。他们已在这里矗立了六百多年，模糊不清的神色，厚重的衣袂让我依稀想像到当年的威武轩昂，紧闭的双眼似乎在沉思着世事变迁的沧桑。只身走在松柏古槐间，看春日的阳光透过树叶，给路面上投下斑斑驳驳的碎痕，我的身上仿佛也流淌着薄荷色的光影，让人惬意释然。跨上林间的石阶继续向前，神道上，有石马石兽，无一不是憨态可掬，敦实滚圆，他们安静地蹲守在孝陵的两旁，不知疲倦。时间没有在它们身上留下多少岁月的痕迹，只有淡淡的水渍与绿树的青痕暗自透露了它们的秘密。偶尔有胖乎乎的孩子一定要爬上去骑骑看，千年的刹那，便在脑海中交错闪现。

明孝陵的对面就是梅花山了，此刻的梅花似已过了最盛的时

刻，草地上掉落的花儿仿佛还留有一丝幽幽清香，时收时敛让人迷离，只是雨水和着些泥点沾染在柔弱的花瓣上，混合着泥土与青草的气息暗自发酵，似乎在酝酿着来年的美丽。

梅山长眠着另一位君王，那便是三国时期吴大帝孙权。“生子当如孙仲谋”就是曹操对这位吴大帝的最好褒赞。孙权少年时就胸怀大志，文韬武略、才智过人，二十七岁便联合刘备大军在赤壁之战中大败曹操，奠定了东吴的一方霸业，与曹刘三分天下。孙权埋骨之处如今已很难辨明，但在这片土地上，仍常有缅怀英雄的后人来怀古幽情，回望过去的岁月风云。

玄武湖

玄武是北方之神，而玄武湖在南京的地理位置就是“北湖”。玄武湖很大，水域面积超过 370 公顷，从东晋以来就是闻名遐迩的风景名胜。不过玄武湖的命途也诸多变化，宋朝时因围湖造田一度消失，明初再度开浚复湖，数度改头换面。目前湖中有五块绿洲景区，都免费对公众开放。

春天的玄武湖闪耀着动人的妩媚，碧蓝的水面波光粼粼，几座画舫往来其中，一行白鹭掠影而过。于茫茫湖水边品味人生，灵魂也会透脱，好像清风明月，流水行云一般。从东北角的第一个洲开始，就是翠洲。这个洲并不大，却有些森然，大棵大棵的雪松擎开了树冠，将林中遮掩得密密实实，水汽仍然弥漫，阳光似乎不能完全透过来。想起北欧神话中精灵的居所，他们带着快乐的魔法与你在这密林之中玩起了捉迷藏，既然如此，开启一段密林探险也不错。

继续往前走，过了翠桥便是梁洲，洲上有古井、览胜楼，值得一提的还有明代建成的黄册库陈列馆，黄册就是“皇家档案”，主要是用来记载民众的户籍与赋役，因黄绢封皮，皇帝亲阅而得名。黄册库东西座向，且每间库房前后都有窗户，这样设计的目的在于照顾日照和通风，避免湖面的水汽毁损册页，只可惜明王朝并未能保住“万世基业”，崇祯皇帝自缢于景山之后，南明小朝廷接手管理黄册库，却将棉纸做成的黄册用作了“造甲点火”的原料，看来天命也抵不过现实的战火救急。

接着进入环洲，洲上有诺那塔和喇嘛庙，是诺那活佛维护祖

国统一的传奇一生的缩影，如今仍静静矗立在湖畔见证宁藏交流的一段佳话。前面一片粉嫩，如云如雾笼罩的地方你看到了吗？那就是樱洲，我们一起走近看看吧。没想到今年岛上的樱花盛开得如此之早，漫山遍野的灿烂让人顿生怜惜。风吹过，有落英缤纷，一片细碎的花瓣落到我鼻尖，轻轻呼一口气，花瓣飘到空中，落入泥淖，与地上层层的花瓣一起慢慢融化。这是我今年看到的第一场樱花，你呢？关于樱花，总有许多美好的遐想，无数或浪漫或忧伤的情愫散落在心中最柔软的部分。再往前便是菱洲，因为盛产菱角而得名，可以想象到夏日接天荷叶无穷碧的美丽，不过现在正值春天，加上目前正在修葺施工，所以无缘在最美好的年华中遇见它了。

出解放门来，便可以登上台城。现在的台城已非晋朝时的台城，而是连着朱元璋时期修筑的明城墙，但万般气象不减当年，也是目前世界上最长的护城城墙。站在台城脚下，举目望去城墙已经被青青藤蔓层层裹住，灰色的墙砖便有了生命的意趣。往日帝王气魄，浩浩汤汤，时光荏苒，洗尽铅华。

我们登上城墙看看吧！城墙上很宽阔，只是脚下的石砖却有些残破，石砖与石砖的缝隙中，小草探出头来，好宁静，当年的号角连天、厮杀叫喊便都湮没在这宁静中。这里的砖墙也别具魅力，他们虽然凹凸粗糙，缝隙之间的泥沙亦有簌簌下落的趋势，但仍能感受到它的挺拔傲立。每隔一段，就有一匹刻有铭文的石砖，砖面的篆字仍清晰可辨，它记载着主人的信息，我暗自揣测，无不是一段人生故事，当年朱元璋“高筑墙，广积粮，缓称王”

的口号在耳边萦绕。身边有依依柳条随风轻摆，诉说着昔日的金陵烟云。“无情最是台城柳，依旧烟笼十里堤”，韦庄一曲《台城柳》，让沧桑的台城多了一种诗意的忧伤。

四目眺望，有沧澜壮阔之感，身后边的钟山，山顶虽不见紫霞凌空却仍楚楚动人；向北眺望，茫茫玄武湖依然温婉，这是我们来时的路；南面便是我们的下一站，鸡鸣寺。

转身看你时，你正在城墙处向远处眺望，神色自若又若有所思，不知是否和我一样感叹时光飞逝。身后有湛蓝天空，天边一丝缥缈的云暗自微笑，真像一幅画，我也会心一笑。城墙之下又有车流不息，古代与现实的交错变得如此稀松平常。

我们下城墙去吧，去鸡鸣寺看看，向南下坡再走几十步路就是了。它依山而建，隽永秀丽，这也是一个有故事的地方。“南朝四百八十寺，多少楼台烟雨中”，事实上，鸡鸣寺便是这四百八十寺之首，在南北朝时期称为同泰寺，当年梁武帝萧衍四度到这里修行，也曾政绩显赫，也曾文采风流，不过他大建寺庙也造成了后期政权空虚，最终被侯景幽闭于台城的文德殿内，活活饿死。鸡鸣依旧，饿鬼道尚存，不过“和尚皇帝”这段往事却随风飘尽。

鸡鸣寺另一段故事便隐藏在寺庙后的那口胭脂井中，相传南朝陈国，后期国力衰竭，隋兵大举南下，金陵沦陷，陈后主叔宝与宠妃张丽华躲入古井，终被活捉，国破山河依旧，凄迷的风流故事为南朝留下了最后一抹霞光。依稀可见井壁上的隐隐朱砂红，难道这真是张妃慌忙跳下时蹭下的胭脂？

鸡鸣寺常有虔诚的香客们来来往往，飞檐层叠的建筑风格也算得上是别具特色，而这里其实也是南京古城的一处制高点，因为角度风景绝佳，总能吸引到络绎不绝的游客前来观景，我们也登上鸡鸣寺的塔顶看看吧，我想告诉你关于鸡鸣寺的另一个爱情故事，它有点委婉，有点哀伤，那是关于秦淮名妓卞玉京与明清诗人吴梅村的故事。卞玉京姿色绝佳，琴棋诗画无一不精，尤擅水墨兰花，她有心将一生幸福托付吴梅村却遭拒绝，最终选择长卧青灯古佛旁，做了女道士，而吴梅村也大为追悔，屡次求见卞玉京而不得，在鸡鸣寺度过了抱憾终身的岁月，后期写下了很多对这段爱情深深忏悔的诗篇。

忆古思今，我们还是好好珍惜现在所拥有的吧，比如鸡鸣寺的斋菜就不可错过。去附属餐馆找一个临窗的位置坐下，如果轻轻推开花格窗轩，你还会发现吱呀的一声响后，窗外的风景也很不错，阳光着色的槐树叶有种剔透的美，远处的钟山依稀可见。我要一份糖醋排骨，一盘罗汉芋头，再来一碗素鹅面，应该差不多了，你呢？最喜欢的就是勾着浓浓芡汁的糖醋排骨，排骨的骨头是茭白做的，味道很浓郁，我喜欢。

见证古今总统府

南京总统府，现在是一个中国近代史遗址博物馆，见证了时代风云。当然，总统府的历史远不止此，600 多年前，这里曾是明朝的德侯府和汉王府，清朝时为总督署，乾隆皇帝下江南时也把这里作为“行宫”。

1912 年，孙中山在此宣誓就任中华民国临时大总统，并组建了中华民国临时政府开始，这里一直作为政府办公地点。战火纷争的年代，军机战报频频传来，会议争论不断，直到 1949 年解放军占领总统府，总统府才算迎来了短暂的宁静，历史就此翻开新的一页。在之后的近 50 年中，政府机关也一直在此办公，直到 80 年代后才陆续搬离。

堂前有孙中山先生手书的“天下为公”的牌匾，静思过往，“天下为公”实为来之不易。逝去的年代充满累累伤痕，多少人为之付出所有乃至生命，才有了如今幸福安定的生活。

西区是孙中山的临时大总统办公室、秘书处、西花园，以及

参谋本部等。室内的陈设极为简约，奶白墙面，纤尘不染的木地板，白色的布艺沙发，光洁的漆器案几，上面放几盏青花瓷杯，从前的政客要人应该都云集于此吧，他们坐在这沙发上，却无心喝茶；他们共商国事，也许为某个战略争论得面红耳赤；为某场战争扼腕叹息。头顶的暗色吊扇已不再转动，只是默默低头俯瞰眼前的一切。窗外风摇动着树枝发出悦耳的沙沙声，带着一串串陈年旧事匆匆消散。

总统府很多地方的墙上都贴着一张“中华民国统合地图”，从右到左的文字顺序，繁体字的标注，深深浅浅的折痕还有旧时的污迹；相信军官武将们也曾在浩然版图前大手一挥，指点战线转移，期待战果胜利。所有墙面上的挂钟都指向同一个时间，因为这是总统府被攻破的时间——1949 年 4 月 23 日 11 时 05 分。

东区主要是行政院旧址、马厩和东花园。行政院内是国民政府五院的一些文物史料陈列，只有花园内的石舫静然不动，湖水中聚敛而来的花锦鲤，给这肃雅的静物增添了几抹活泼的气质。

出总统府，夜幕已悄然降临，这个城市把历史枕在颈下安然入睡；城市的人群却正聚集在曾经威严的国家权力中心——民国总统府行政院的官邸旁的街区，一边熏陶历史的格调，一边享受着现世的快乐，他们给它取了一个名字——“1912”。1912，只能

属于南京。这一年，中华民国临时政府在南京成立，这一年也被称为民国元年。它是南京在历史剧目中的华丽亮相，即便短暂却不可磨灭。

南京 1912，如今是一个时尚文化商圈，在这里感受南京的夜也许别有韵味。它无时无刻不流淌着民国风情，那一幢幢富有欧洲风情的小砖瓦房里，充斥着轻柔的音乐，他们丝丝入扣荡进你的心扉；空气中弥漫着爆米花和芝华士的香味，有一点甜，有一点腻；穿着时髦的女人晃动手中的玻璃酒杯，杯中的法兰西干红鲜艳异常，就像她红色唇彩浓烈异常，如鲜血一般的颜色，在幽暗的灯光下独自凄美。

酒吧里，开心的人大声谈笑，不开心的人也大声谈笑，只是怎么听却总多了一丝酸楚，睡不着的人相互找寻同类，殊不知怎么找却都只有自己的影子相伴左右。没有灯光的暗角，有失意的人颓然坐在那里，桌前几只还未倒尽的酒瓶，好象落魄的王族，一切繁华，刹那销声匿迹。

不过，但愿那些不快，那些伤感最终会融入到空气中，烟飘云散，失意的人，酩酊大醉的人，抑郁神伤的人，都能释然。也许，每个人心中都有一个属于自己的 1912 吧？

出得酒吧来，街道上的灯光变得温柔，行人匆忙的步履也缓慢下来，舒服的夜风吹过来，闻到了黑椒牛排的香味。饿了吧？我们去吃点东西。将盘中的牛排细细切开，静静望向远方，旁边法国风格的地铁 2 号线，默默穿梭在一层又一层埋着不知多少古物的地下，带着城市里忙碌的人群汇聚一处，又流向四面八方，历史的车轮也是这样吧，车辘滚滚奔向前方……

后记

在南京，走走停停，路过了太多美丽的风景和故事。她气宇轩昂的书卷气质，她沧澜壮阔的厚重历史，她淡雅清丽的山水画卷，她风流袅娜的传奇色彩，都叫人留恋，古今多少英雄才子沉醉在这里，忘却了归路，雄浑英雄气概与灵秀温柔交织的个性，成就了今天的南京。

投下恋恋不舍的一眼，我终于转过脸来，别了，南京！即便只是在梦里，我也一定会再回来，请等着我！

这里的天特别的蓝特别的远，石头山上五彩的经幡随风翻滚，那是关于吉祥与神意的传颂；穿着鲜艳藏袍的姑娘一路长头朝拜来到这里，风尘仆仆却依然微笑执着；满满的阳光毫不吝惜地洒落在雄伟的布达拉宫；这里的历史厚重古朴，需要用心去摩挲那些印记和斑驳。这是你的旅行，欢迎走进西藏，来到拉萨。

Chapter 5

拉萨

布达拉宫

我们的第一站是布达拉宫，它坐落在拉萨市中心的玛布日山上。“布达拉”在藏语中是“普陀罗”的意思，因为藏传佛教的信徒们认为红色的玛布日山可以与观世音的圣地普陀罗山相媲美，布达拉宫从此得名。它的历史很悠久，建于公元641年，是当时强盛的吐蕃王朝的杰作。

跨过平措堆朗大门，看那边的门廊，是四天王的彩绘壁画，佛教说四大天王守护着须弥山四方社会的山、河、森林和土地。

前面是德阳夏，70多米的高地平台，却很宽阔，大约有7600平方米，因为全部都用了西藏特有的“阿嘎土”来夯实，所以特别的平滑。每逢藏历的十二月二十九，这里都会举行跳神节，大多是关于佛法的灵异和喇嘛的传奇故事。达赖喇嘛在日光殿观看，而群众可以到山上看，每到这时候就会人山人海，热闹非凡。

看那边，有三排并列的木质扶梯，中间的扶梯是专供达赖喇嘛上下的，我们从两边扶梯上去好了，木梯有点陡峭，要小心哦！上了木梯我们就进入白宫了。进入白宫，首先是达松格廓门厅，仍然是满墙的壁画，是一些轮回图、坛城图和民俗图。看那边还有“唐皇五难吐蕃婚使”的壁画：吐蕃的使臣用智慧解决了向唐皇求亲的各种难题，用水的浮力分辨树冠和树根，用蚂蚁将细线穿过了九曲细孔的羊脂玉，还有利用蜜蜂的指引巧妙从上千宫女中找到了文成公主等等，很早就知道这些故事，原来是从这里的来的。

接着往前走，是东大殿，又叫错钦夏殿，这里是达赖举行坐床、亲政等重大政治宗教活动的地方，它建于公元 1645 年。自 1653 年顺治皇帝册封五世达赖起，历世达赖喇嘛都必须得到中央政府的正式册封，并由驻藏大臣为其主持坐床、亲政等仪式。

穿行在布达拉宫内部，是全然不同于外观的错综复杂，仿佛坠入一座迷宫，狭窄曲折的走廊，低矮的通道和陡直的楼梯连接着各个房间楼层，似乎蕴含着佛法的高深莫测。墙面的壁画满墙铺陈绵延开来，所以墙上的窗户开口特别小，即使外面阳光乍泄，窗口却只能透进来几缕清冷的白光，与日夜闪烁的长明灯相互辉映，总透出些迷离与空无的境界。也许这就是佛学的一些禅理：禁欲、超脱又渡人无边。

布宫的五、六层是地方政府的办公地，历任达赖的摄政王和经师也都曾在这里办公，目前并不对外开放。我们直接上第七层吧，到布宫的最高处。顶层一东一西有两个殿堂，它们被称做东、西日光殿。因为殿堂的东、南、西面都是大大的落地玻璃窗，所以这里阳光充足。日光殿过去是达赖的寝官，也称冬宫，因为达赖喇嘛在夏秋季节的大多时间都选择在另一处的行宫——罗布林卡度过。日光殿内同样的雕梁画栋，金埸玉盆，满溢的都是珠光宝气的豪华，看那边的金壶，曾经是达赖的生活用品，重达 120 余两，可想是价值不菲。

然后我们进入红宫，这里有灵塔 8 座，从达赖喇嘛五世到十三世，却有一个例外，六世达赖喇嘛仓央嘉措，这个因俗世情爱和诗歌闻名的情僧在布达拉宫并没有灵塔供奉。居中的这座，是五世达赖的灵塔，建造最早，规模也最大。经过处理的达赖尸

骸就保存在塔内，整个塔身由金皮包裹，据说只是包金就耗费了11万两黄金，加上镶嵌的钻石、红宝石、蓝宝石、玛瑙、翡翠等等的奇珍异宝1500多颗，这样的灵塔堪称是奢华了。旁边的享堂有一对刺绣幔帐，它是康熙皇帝赠送的，据说当时康熙帝专门建造了厂房，耗时一年才织造完成的。幔帐是布达拉宫的稀世珍品，只有达赖坐床和举行亲政大典时，才会小心翼翼地取来悬挂在大殿的最显眼的地方。

然后我们进入曲结竹普和帕巴拉康，这是布达拉宫里吐蕃时期保留下来的仅有建筑，它们建于公元7世纪，里面有很多塑像，松赞干布、文成公主、尼泊尔尺尊公主和其他大臣的。衣褶情态不同于其他地区。再上一层楼，就是帕巴拉康，主供帕巴。然后上到布达拉宫的最高殿堂——萨松朗杰，藏语中“圣界”的意思。因为历代的达赖都需要皇帝的册封，所以这里供有皇帝“万岁”的牌位，自七世达赖格桑嘉措开始，以后的各代达赖都会在藏历的每年正月初三到这里向皇帝的牌位朝拜，以表达对皇帝的隶属关系。再西转，就是其美甘丹，这里是六世达赖仓央嘉措的经堂，塑像的仓央嘉措清秀而文静，与它惊世骇俗的爱

情故事相比，有几分落寞。

从布达拉宫出来，再次抬头瞻仰眼前的恢弘宫殿，横亘在历史长河中的布达拉宫依然斑驳而瑰丽。只能感叹时光流逝，沧海一粟。眼前依然是湛蓝的天空，只是那片晴空下，心里的感觉有了那么一点点的不同。

如果你喜欢收集明信片，那么出布达拉宫，旁边有一个很大的邮局，这里的明信片很多也很漂亮，只要 1 元 1 张，柜台上摆放着各种各样的纪念章，可以随便敲。邮局的藏族姑娘很热情，如果请求她帮忙在明信片上写一句藏语的“扎西德勒”，一般都会得到满意的答复。

饿了吗？去光明甜茶店吃碗藏面吧，就在藏医院路。这里是拉萨人最爱来的地方，在普通不过的地方，却有浓浓的人情味。这里很市井，也成为了八卦新闻的流通站，没事的话悠悠地坐上一下午，不管拉姆家丢了狗，还是夏卓新生了个女娃娃，各种家长里短的消息总能让闲暇的人们心满意足。也可以喝一杯甜茶，奶味很浓。如果想要多喝几杯的话，就在桌上多放些零钱吧，服务员会主动为你续杯的，然后从中拿走一杯茶钱。

大昭寺

离开布达拉宫广场，沿北京中路一直向东走 15 分钟就可以看到大昭寺，当然，也可以坐藏民的三轮车，透过五颜六色的车篷看湛蓝无暇的天空。

大昭寺始建于七世纪吐蕃王朝的鼎盛时期，距今已有 1350 多年的历史了。对面是唐蕃结盟碑和传说中文成公主栽下的唐柳，原本那棵早已干枯，不过旁边却自然长出了一株杨柳，郁郁葱葱。你看大昭寺的门口，永远都有衣着鲜艳的的朝拜者，他们不远千里来这里朝拜。双手合十，高举过头顶，然后放到胸前，口中念念有词，然后五体投地地拜下去，再站起来，再拜下去……累了就坐在地上歇一会儿，渴了就喝上几口自带的酥油茶，然后继续。这样的三步等身长头总能让人深深震撼，不过对于他们，再正常不过了，这是他们的使命，或者说是宿命。看那手工打制的青石板上，已经有了深深浅浅的凹痕，不知道是不是前来叩头的信徒留下的痕迹？

每到清晨和傍晚的时候，这里总会格外的热闹。寺庙内外都人头攒动，很多藏族孩子聚集在寺院门口，他们高举着手中整壶酥油叫卖，10 元一壶，朝拜结束后，孩子们就在在门口等着你，收回他们的酥油壶。没有人担心收不回来壶，因为他们相信前来参拜的人都是诚挚而善良的。

进到大昭寺中，你可以看到拴挂上五色哈达编制成辫子的铜门环，试着轻轻拉一拉它吧，没准会给你带来好运的。看回廊下点燃的上千盏酥油灯，闪耀着动人的光芒，汇集成橘红色的温暖海洋，这些终年不灭的长明灯是信徒们供奉的，也表示着对佛的敬仰，长存不息。而回廊的墙壁上，画有上千尊的佛像，这里，也被称为千佛廊。

从千佛廊出来，我们可以去囊廓转经。拉萨的转经道路线主要有三条：环大昭寺内中心的释迦牟尼佛殿一圈的线路就是“囊廓”，而大昭寺外墙一圈的是“八廓”，以及将大小昭寺、布达拉宫、药王山等一并包括进来的是环城的“林廓”。

转经需要按顺时针的方向走，我们可以先去寺庙北侧的开放式经堂，去转一转那里巨大的凸刻着许多藏文的铜制经筒吧。不用担心，跟着人流走就可以了，你会不自觉就加入了“转街”的行列。藏靴、皮鞋、布鞋一同踩踏石头地面发出的不同声响，汇成一股洪流。藏民们用沾满酥油的手轻轻拨动经筒，于是大昭寺的上空都会弥漫着清香的酥油的味道。有人说，转经是藏族人最放松的时候，因为这时这些口诵经文，步履匆匆的人们，正走在六道轮回的路上。

看前面的藏族老者，背着成捆成包的桑草，这是他们大清早在八廓街买的。老人们边转经，边煨桑，有的转一圈，有的转三

圈，如果是藏历初八、初十、十五、三十，或是每周的星期三，来这里转经的人就会更多，因为这是煨桑祈祷的日子，藏民们说，这叫“桑窟”。

大昭寺内最恢弘的主殿“觉拉康”里，供奉文成公主千里迢迢从长安白马寺请来的释迦牟尼十二岁等身镀金佛像，藏族人称它为觉卧佛，算得上是最早进入西藏的宗教圣物了，无数藏民不畏险阻，长途跋涉来到这里，正是以自己特有的方式来瞻仰佛祖的尊容。站在释迦牟尼面前，看佛像慈眉善目，像是看尽世间悲喜，却依然保留着安宁无争的内心。大昭寺从一开始就不属于任何教派，所以信仰不同教派的藏民们都选择把大昭寺作为神圣的殿堂，前来朝拜。

出大殿，有木楼直通二三楼的平台，木梯有点窄，要留心脚下。登上平台，远远就可以眺见倚山而建壮美英姿的布达拉宫。到了傍晚 6 点左右，这里会聚集很多摄影者，他们早早地聚集到的大昭寺金顶，等待傍晚时分金顶光线足够魅惑的那一刹那，抓拍大昭寺门前叩长头的朝拜者，因为这时，也是朝拜者最集中的时候。

出大昭寺，看广场上人影在虚渺中晃动，香炉依旧烟雾缭绕，扶摇直上，像是要与天空中的云彩连为一体。大昭寺金顶的金色依旧饱满，散发着温暖的光芒，经年被叩拜者身体打磨出光泽的青石地板被照得通透而光洁。下一站，我们去冲赛康市场逛逛吧！

冈拉梅朵

肚子饿了吗？我们去冈拉梅朵餐厅吃点东西吧！地址是北京东路27号，从大昭寺路口拐进去就到了。

看到了吗？门口石片上雕着店标，雪莲花的图案，没错，就是这一家。我喜欢这里满墙的油画，忧郁的藏族少年，寥寥雪山的风景，牧羊的老人。这里就像一间画廊，扑面而来的是唯独属于藏族的艺术气息。旁边就是画室，地上凌乱地放置着一些还没完成的油画和唐卡，听说这里的老板是画家，这里很多的油画都出自他的手笔，浓重的色彩和笔调，有这里的灵魂。冈拉梅朵据说是十一世达赖喇嘛的父母曾经居住的地方。

直接上二楼，木楼梯有点窄，要小心哦！上楼了吗？好的，地方不大，试着挑一张靠窗的位置坐下，这时会有可爱的藏族服务员过来招呼你，菜单上的菜式不多，可以试试这里的藏红花小土豆和尼泊尔土豆薄饼，味道不错！这里也有牦牛酸奶，没有蜂蜜，但桌上的白糖可以自己加；相比而言，我更喜欢八廓街老城小巷那些藏家自制的牦牛酸奶，很酸却很地道，价格也便宜很多。趴在柜台上的那只白色的波斯猫，很乖巧。

看那边的男孩，在看一本英文版的《荆棘鸟》。我喜欢看他看书的样子，低垂下来的睫毛，在幽暗的灯光下，显出浓浓的一片阴影，像是交叠的蝴蝶的翅膀。哦，对了，那边有个书柜，里面放着一些很有味道的书，那些是老板的珍藏，有汉语、藏语和英语的，当然，还有不少西餐食谱，你可以随便取几本来看的，看完了记得放回原处哦！店里的服务生，正静静地伫立在墙角发呆，望着所有进进出出、吃喝消遣的人们，似乎在思索百态的生活。

窗边位置上的那个女孩，青涩的笑容总让我想到逃课出来的学生，桌上放着一大片明信片，各种的风景和人物，不知是从布达拉宫旁边的邮局里买的呢？还是冈拉梅朵店里自制的那些呢？她低下头来，仔细而用力地写每一个字，偶尔还会翻翻摆在一旁的杂志，是在查询明信片景点上相关历史知识吗？她抬起头来，看到我在看她，对我恬淡地笑笑，我反倒是不好意思了，她发现我在看她了吗？但愿我的样子看起来很友善。然后鬼使神差的，我跑去跟她聊天了。

她说："你的披肩很好看"，"这个吗？"我有些惊诧，这是我刚从八廓街的小店里淘来的，红色大格子尼泊尔风格的羊毛披肩，心中有些小小的自鸣得意。她说她在西藏被商铺的老板强买强卖的经历，说她去阿里转山时，差点掉到山谷里没命回来，如果不是幸运也就不会在这里见不到我了。我们的经历很相似，也有了更多的默契和心有灵犀。离开之前，她从身后大大的双肩旅行包中掏出一本书要送我，是一本中文版的《藏地白皮书》，女孩说是旅行时朋友送的，她要走了，现在转送给我，我受宠若惊。

狭小的空间里，飘着藏式的调调，有点慢摇滚的味道，虽然听不懂，却总觉得很酣畅，像是唱到心里去。从窗棂往外看那座老房就是木如宁巴，我们的下一站，是沧桑古朴的感觉，与这里的暧昧暖黄的灯光有了鲜明的对比，经年的酥油灯熏烤着一层黑亮，陈述着历史，咏经的声音经久不散。楼下是北京东路，满身黄泥的越野车风尘仆仆地奔驰而过，不知是不是刚转山回来的背包客；几个暗红袈裟的身影飘过，他们是附近寺庙的喇嘛；三三两两手里摇着转经筒的藏民走过，还有从藏北牧区千山万水磕长头来的信徒……

木如宁巴

然后，我们去木如宁巴。拉萨有新老两座木如寺。新的在北京东路，旧的叫“木如宁巴”,“宁巴”在藏语中是“古老”的意思，地址是八廓街东北角，大昭寺附近。

俗话说：“先有木如寺后大昭寺”，木如宁巴是比大昭寺历史更悠久的寺庙。相传木如宁巴最初建于吐蕃普赤热巴巾时期，17 世纪时五世达赖喇嘛还对寺院还进行了扩建。

不过几步之遥，却像是坠入了另一片天地。木如寺外很安静，透着一些寂寥，静到只听到自己内心的声音；它一点也不大，可妙就妙在即便不大却还包括三个寺庙，主建筑属乃穷寺所有，但由哲蚌寺管理；西侧年代较为久远的小佛堂叫做山南敏珠林寺，由木如萨巴寺管理，另外一座佛堂则由萨迦派的贡噶曲德寺负责维护。

推开那扇斑驳而沉重的大门，眼前是一排泛着黄铜微光的转经筒，空气中氤氲着淡淡的桑烟味，好像要将进入的人都拉回到千年以前的世界。这是个僧俗混居的院子，里面有喇嘛，也有普通的藏民，也许正是因为这样凌乱的生活气息，所以更加平易近人。

院子有两层，一层的中间是煨桑炉和自来水管。清晨，这里的喇嘛开始早课和诵经，寺院里朝拜的人进进出出。寺门口的藏族阿妈那里有桑枝、酥油和青稞酒卖，有人来，先往煨桑炉里添把桑枝，然后带着酒进寺，神秘的气氛伴随着袅袅桑烟散布开去。里面有喇嘛一边音色洪亮地诵着经，一边有节奏地搅着祭祀的大酒桶，酒香和酥油味和着诵经声在寺里弥漫着。

在这里，我想我们可以体验一场平民的宗教仪式，看那中庭里密密麻麻地坐着数百名藏民，他们大都白发苍苍，不想打扰到他们的话，我们还是轻手轻脚地走过去比较好，不过还是会引来许多诧异的眼光，没关系，请相信他们毫无恶意。走到一个藏族婆婆身边坐下，她微笑地跟我说“扎西德勒”，一时不知怎么回应，只能微笑鞠躬，连声说“扎西德勒”。然后继续观看周围人的神情，那些虔诚的，专注的，不掺杂任何亵渎的念经礼佛，就像一种宿命如影随形。

上到二楼，阳光满满地洒在上面，几个年轻的喇嘛在走廊上发呆，也许这是他们早晚课中难得的休闲时光。他们很温和，看到有人来都会微笑地问候，这样的礼貌总能想到这里佛法的慈悲沁润着这里的人们；他们也很羞涩，如果有人要求和他们合影，他们会显得生怯而谦卑，手足无措。

二楼的走廊尽头，有一个木梯，你可以尝试着爬上去，不知现在还开放吗？这是木如宁巴的屋顶，远处的藏式平房依次排开，还有永远那么清澈湛蓝的拉萨的天空。一墙之隔的大昭寺的金顶近在咫尺，那饱满的金色浓郁而厚重。还记得我第一次爬上去，是怎样手舞足蹈，放肆的快乐。

出木如宁巴，在小巷里穿行，我们就可以看到更原汁原味的藏族民情。不用担心，不会迷路的。我喜欢看那一幢幢紧挨着的白色藏楼，每户人家的窗台上方，都有手工绘制的精美花卉图案，藏族人爱纷繁复杂的花色，就像他们的性格，奔放浓烈。穿着藏袍的老太太坐在屋口做串珠，是和她脖子上差不多的五彩缤纷的珊瑚石，这是藏族女人最爱的首饰。看那间小屋里，吉祥八宝图案的门帘被风吹起，面庞红润的藏族阿妈正在给八九岁的女儿编着小辫呢！别看藏民们表面上粗犷不羁，其实他们也心细如尘，你看那墙角的盆栽植物，因为主妇们的用心打理，在明媚的阳光下开得格外灿烂。

那边那个满面沧桑的老人在用力吟唱，就像是老派的吟游诗人，他的身边围坐着一群人，用心地听，脸上有陶醉和知足表情，唱词的内容我并没有听懂，可是总记得那曲调十分空灵，唱者很虔诚、很用心。他，难道是传说中神秘的《格萨尔王》说唱艺人吗？

八廓街

大昭寺的外围就八廓街了，八廓街是拉萨最古老的街道，因为是围绕着大昭寺一圈的转经道，每天来转经的人络绎不绝，西藏人把它称之为“圣路”。因为转经人的涌入，八廓街得以发展起来，现在的八廓不只是转经道，更是一条有浓郁藏味的购物长廊。

阳光斜斜地撒到身上，暖暖的惬意，仰起头来，眯缝着眼睛看落在屋脊上的光，这一刻的美好无以复加。街道两旁二层石砌小楼保留了原有的藏式风情，上层住家，下层做临街的商铺，这里汇集了来自印度、尼泊尔、英国或是瑞典等地的一切舶来品，也有藏区的特产：木碗、经书、唐卡、藏刀和鼻烟壶等等一应俱全。

沿着转经路走，在八角街 24 号院子里，看到那幢小楼了吗？虽然很普通，不过它的历史很悠久，早在修建大昭寺之前，由松赞干布为自己建造的一个简朴的行宫。从八角街 24 号出来，继续前行，在白色的香塔前有一处开阔的小广场。小白塔过去是专门为财神爷烧香的，它保佑着在香塔四周做买卖的生意人。

前面，八角街的 27 号，是一家由尼泊尔人创办的古玩老店——“夏帽嘎布”，藏语中是“白帽子”的意思。白底红字的木牌匾有些陈旧，却骄傲地彰显着它百年的历史。店主的名字叫热特那·古玛·吐拉达哈，因为名字很长，当地的人记不住，只记得店主常戴的尼泊尔白帽，久而久之，夏帽嘎布这个名字就留下来了。100 多年来，这里的格局都没有变，因为热特那和他的祖辈们都相信，这间房子会像那些古董一样，越老越值钱。

店里摆着各种各样的旧物，鎏金菩萨、黄铜面具等等，也不乏珍贵的镇店之宝，不过店主不会轻易让人看的。西面的墙上有一张画像，画像上是戴白帽子的尼泊尔英俊青年，热特那说这是夏帽嘎布的创始人巴苏然纳，他虽然一辈子也没有来过西藏，但他遍布尼泊尔、印度的产业王国却延伸到这里，拉萨。

夏帽嘎布的房子旁边的是朗孜夏，500 年前，帕竹王朝的堆龙朗孜庄园主在拉萨建造了这所牢固的房子。在甘丹颇章政权建立后，朗孜夏成为拉萨市政厅，楼上是公堂，楼下是监狱。朗孜夏台阶下、夏帽嘎布旁的那一小片广场，曾是鞭笞犯人的地方。热特那说，夏帽嘎布的房子与朗孜夏建于同一时期，我不说话，心里偷偷测量夏帽嘎布的屋墙，暗自想，不像有 500 年那样的厚度啊，因为藏民们都说：拉萨的老房子，屋墙越厚，历史越久。

混迹在人流中，自由、随意地漫步。看那摇着转经筒的藏族阿妈低头默念，红袍黄襟的小喇嘛走得飞快，经商的康巴汉子盘着英雄结，穿白袍的是藏北牧区的居民，还有左顾右盼的藏族少女，红色的脸蛋带着淳朴的笑容，身上挂满饰品，小辫梳得整齐、光洁。你看，这里汇集了来自四面八方的人，从服装上就能看出一些端倪，如果你看的更仔细些，也许会发现不同教派的喇嘛的服装也是不大一样的。当他们三三两两地走过八廓街的时候，组成了八廓街上最美的风景。我们也去转经筒那转经吧，按顺时针的方向就可以了，只要心中虔诚，佛祖总能听得见。

八廓街两侧的建筑大都是白色的，只有东南角与东孜路交汇处有一栋黄色粉墙的两层小楼，这里是“玛吉阿米酒馆”，这里很受欢迎，每天的客人络绎不绝，忙的时候还要领号牌才能入内。“玛吉阿米”藏语的意思是“未嫁的新娘”，据说，这里也曾是六世达赖喇嘛仓央嘉措的密宫，是仓央嘉措与心爱的姑娘玛吉阿米邂逅的地方。

仓央嘉措被确定为灵童转世后，十五岁才坐床，所以不习惯宫中的生活，常常乔装成平民出游民间，后来，爱上了美丽的姑娘玛吉阿米，可是这样违背了教规，葛鲁派黄教的教规规定活佛必须四大皆空，不近女色。终于在一个大雪纷飞的夜晚，仓央嘉措再次去八廓街的小角楼见玛吉阿米后，因为雪地上的一串脚印而被发现。被政敌指控后，他在被押解回京审讯的路上神秘消失了，有人说他已经被秘密杀害，也有人说他舍弃名利决然遁去，然后云游川藏、印度和尼泊尔去了。这是一个谜，一个再无人能解开的迷。或许你会想起那首诗：

“你见，或者不见我，我就在那里，不悲不喜；你念，或者不念我，情就在那里，不来不去；你爱，或者不爱我，爱就在那里，不增不减；你跟，或者不跟我，我的手就在你手里；不舍不弃，来我的怀里；或者，让我住进你的心间；

默然，相爱，寂静，欢喜。”

不知道有没有这么一个人住进你的心里呢？

冲赛康市场

冲赛康市场是拉萨著名的小商品交易集散地，很多人选择来这里淘宝，便宜又有特色。返回到丹杰林路，一直往北走，在第一个岔路口左转，就是北京东路，一直走下去大约600多米，就可以看到冲赛康市场了。不用担心，北京东路有去冲赛康市场的标志牌，不会走错的。

走在北京东路上，拉萨众生平等的佛法精神随处可见。金发碧眼的外国游客，穿着扎染的裹胸长裙，脖子上、手腕上一大串的牛骨项链或是松石手镯，摇曳叮当不亦乐乎，他们脸上洋溢着热情的笑容，大方地和途经的人说“hello”，或者拉着身边的喇嘛一起拍照，藏民们却不同，悲喜都不写在脸上，我想，可能甚至都不放在心上，因为佛法长期的浸染，让他们永远地保持淡然的表情，谦和的内心。

到冲赛康市场了吗？你会发现，这里这里的商品包罗万象，从刚冒出头的嫩笋尖到百里飘香的酥油，再到衣服鞋帽，藏族饰品，无一不全。很多女孩子从朗赛转战到这里，淘松石、蜜蜡或是琥珀、老牦牛骨的串珠。这里的价格更便宜，挑选好珠子后，可以自己加工穿孔，串成各种挂饰或是手链。很多藏族商贩都回去牧区或是山区的藏民那收购这些珠玉，然后转手卖给游客；也有直接拿到市场上卖的藏民，他们会做得更隐秘一些，比如用一根细绳子将这些贵重物品串起来，挂在脖子里，再塞进藏袍里不显山露水，看到像真正买家的人，才拿出来。当然，还是要小心强买强卖。这里也有很多象牙饰品，虽然知道属于明令禁止的交易品，可是在藏区，依然流行，很多藏族女人的头饰都是象牙串成的。摊位上漂亮的阿佳会告诉你：老松石要用老银珠配，千万别用红珊瑚；还有那边的南红，因为云南的矿被挖断，以后肯定看涨……

当然，冲赛康市场还有很多小吃也不容错过，川贵藏高原都很流行的炸土豆，不过藏式的口味更清淡些；还有街边的牦牛酸奶，加上点蜂蜜，那绝对是一道美味的甜品，价格不高，2元一罐，不过最好立刻吃完，店主要收回瓶子的。还有路边的藏包，酸奶坊的人参果双皮奶，铺着细细土豆泥的凉粉都很好吃。

逛完冲赛康市场我们可以去拉萨河看看。拉萨河绝对称得上是滋润这一方土地一方人的母亲河。拉萨的孩子们光着屁股在拉萨河里嬉戏，河面掀起层层白浪，和孩子们黝黑的皮肤形成了鲜明的对比；十几岁的少年在放学的傍晚，在河边捡起尖尖棱角的石块，比赛打水漂；黑黑壮壮的藏族青年带着青稞酒，在拉萨河边席地而坐，与朋友恋人把酒言欢。

年长一点的女人来到河边，捡起河滩上的石头，堆放成简易的四方灶台，然后在里边点燃干牛粪，灶台上架起一个铁油桶，舀上拉萨的河水，放入原生的植物颜料，水一开，就把一股股的纱绳放到桶里，一会就煮成了红红的一大串，然后捞出来，堆放在满是乱石的河滩上晾晒干，火红的色彩给清淡的拉萨河注入了新的景色。

旁边就是西藏大学了，每到傍晚，就有年轻的学生跑到拉萨河散步。还有，别忘了去拉萨的新华书店看看，这里可以淘到目前国内最便宜的书，而且是崭新的。比如一本汉语版的《阿古登巴的故事》，定价 8 毛 6 分钱，仔细一看原来是 1984 年印刷的，买一本送给自己，很不错。

纳木错

纳木错是到了拉萨不可错过的地方，位置是拉萨市以北的当雄、班戈两县，可以找同伴包车一起去。去青年旅社看看吧，那里的小黑板上总有和你一样寻找队友的人，在林林总总的路线、名字和信息里，搜寻你想要的那一个；或者去拉萨的小酒吧碰碰运气吧，结识一些朋友，同走一段长长的路。

从拉萨去纳木错，需要 5 个小时，因为气候变化明显，要小心感冒和高原反应。打开车窗，风在耳边呼啸，如同一匹烈马；但又很纯净，没有一丝杂质或轻薄。开车的藏族小伙子吼着一嗓子的藏族民歌，那腔调和韵味果然洞彻天际。沿途的风景很美丽，即使是荒芜，也能成画。高空中有盘旋的鹰，在没有一丝云彩的蓝色天幕画着圆弧。

进入景区后，远远地就看到缠绕着五颜六色经幡的大石块，藏传佛教认为，经幡每随风飘动一次，就是向佛祖诵经一次，在忙碌的时候，无法礼佛念经的时候，经幡就代替了虔诚的教徒们传颂一遍神的六字箴言。不过，你知道吗？不同颜色的经幡也是有不同含义的，蓝色的蓝天，白色的白云，红色的火焰，绿色的绿水和黄色

的大地，而那边的山上，一大片的经幡满天翻滚，像是要诉说连绵不绝的诚意，招摆着满天的吉祥。

远处是一大片牦牛，如同一大片雪白的棉花糖缓缓移动，放牧的藏民们淳朴而稍显腼腆的微笑，比起高原上的太阳更能温暖人心。酥油、熬茶、牦牛粪、奋力绽放的野花以及被挤压出翠绿汁液的青草，这是什么味道？没错，这就是纳木错的味道。走路的时候，有很多大大小小的碎石，会有一些硌脚，慢一点走，会轻松些，也能够避免强烈的高原反应。当然，还要担心脚下，牦牛的粪便，在凌烈的山风下硬成块状，游客可能不屑一顾，但对牧区的藏民而言却很有用，捡拾起来，可以烧火，也能做肥料。

纳木错湖是藏民们心中的圣湖。眼前的纳木错蓝的令人心醉，这是一种冰蓝的颜色，在远方也能透出冰清玉洁的冷艳的气息；湖面很广阔，远处水天相接，就像一片浩瀚的大海。与背后的雪山、蓝天，构成了一幅艳绝的美景。听着波涛拍打岸边碎石的响声，远处空阔的藏歌，也像是这湖底幽幽的蓝光弥漫到眼际那样，悠悠地到了鼓膜的边上，深深浅浅地敲击着。

热情的藏民会牵来牦牛，问你是否需要骑牦牛拍照。牦牛的眼睛很温柔，总觉得牦牛有一种气质，温顺，勤勤恳恳又毫无幽怨，一把鲜嫩的青草就算是对它们的最好犒劳。湖边还有几只牦牛在纳木错湖畔优哉游哉地喝水，平如翡翠镜的湖面涌起一些水纹，水中倒映的阳光也碎成点点的金片，白色的牦牛倒映却分外清晰，莫说有比世外桃源更仙境的地方，那一定就是这里了。

湖边也有很多玛尼堆，大大小小在湖边一字排开，有的地方甚至连成一线，成了一堵长长的“玛尼墙”。玛尼堆是藏族人表达对上天崇敬的图腾。听说纳木错时有生命的圣湖，它属羊，所以每逢羊年，圣湖开放的盛大节日里，西藏成千上万的香客潮涌而来，他们烧香礼拜，也堆玛尼堆，而且信徒们每遇到一个玛尼堆一定会丢一颗石子，也代表着念诵了一遍经文。

你也可以堆一个属于你自己的玛尼堆。我要去找找看，几年前我第一次来纳木错时堆起的那个玛尼堆，不知还在不在。找到了，虽然风痕水渍，却依然矗立在那里。已经忘记那时的我，究竟是怀着什么样的心情堆起这座玛尼堆的，也许是祈祷着我在某处找到什么吧？失去的？向往的？我也说不出来。

你要试试看纳木错的水是什么味道吗？我们去到高处些的地方，捧起一掬，尝尝看就知道了。是甜的，对吗？而且很甜很甜，带着沁心的凉意，滋润到了心里。想要带上好多好多的湖水回去，才发现什么也带不走，也许还是把最美好东西留在心底就好。

我们可以去湖的后岸转圈，那里的游客很少，大部分是附近的牧民和转山的僧侣。瞧，一只藏羚羊，它怎么会出现在这里呢？一定是在迁徙的过程中意外离群了。它瞪着金棕色的瞳孔，眼神有些茫然、恐惧，它望着我不知所措，也许是分不清猎枪和相机的区别，后退几步，然后头也不回地高傲地离去，只是一眨眼的功夫，身姿矫健的大角羚羊就已经在如蓑的草原上跑得很远很远。我痴痴望着它渐渐远去的背影，总有一种怅然若失的感觉。不过能够这样恣意地奔跑，本来也是一曲美妙的生命狂想曲，也许属于探戈，奔放又自由。远远地，听到牧女的高声歌唱，那悠远的声音从不知哪座山中飘来，空灵又美好，像是能够吹开心中的一切繁芜，只剩宁静和美好。

纳木错的星空很璀灿，没有电灯污染，是最美的夜空。仰望，满头的繁星，似乎触手可及，美得让人窒息。每一颗星辰都是温柔的眼眸，我转头看身边的男孩，他仰着的脸上，眼睛里也闪着莹莹的光。“你哭了吗？”我问他，他说：“只是因为在都市呆得太久，夜未央时的霓虹让人差点忘了星星的样子。星星，是奶奶的微笑的样子。”温暖的星辉，总能让我想到些什么，繁华之后的落寞？或者是开启心里的一个小角落，自说自话？时间都像是可以凝固了，这样的浪漫还有什么可苛求的呢？

后记

拉萨的阳光是毫无保留的赠予，一如这里佛理的浸润连绵不绝；站在山上俯望远方的纳木错，盈盈的湖水在瞳孔里闪动着熠熠的光辉；看天空上的云明明灭灭，是幸福的寓言；夜晚，星光把我们的影子拉得好长好长，心中是一丝不舍离去的淡淡惆怅。那些曾经的过往只是过往，抹去那些忧伤的明媚，该是道别的时候了，拉萨，再见，我们一定还会再见。

一阕建筑，浓缩着一个城市的记忆；一卷海浪，让爱在时间的潮汐里喧哗；你已走远，可是这座城市仍然保持着她一如既往，无可取代的美丽。

劈柴院变成了新的文化地标，喝新鲜的扎啤，听经典的相声；在栈桥边的沙滩上，用脚丫留下一串串的脚印，在岩缝里寻到小小的蛤蜊；八大关里那些异域风情的堡垒，守住了这个城的记忆，编织着传奇；夜幕下的城市，那些隐藏在暗夜深处的精灵活跃起来，孤单的灵魂把我们带进新的世界。

跟我来，在青岛，走一段不曾走过的路，看那些熟悉而陌生的风景带给我们的，有多震撼。

风情

Chapter 6

青岛

滨海花园

太平角栈桥·第26封信

到青岛，栈桥总是浪漫而又温情的第一选择，像是一只温暖的手，轻抚你的脸庞，拭去眼角的泪珠儿，然后重新绽放笑容。

关于青岛有这么一个“绝对”——“青岛岛青，岛岛青，岛岛晴；青到青岛，情到青岛，倾倒青岛！”站在栈桥上，看前方的栈道，周身360°是平静而湛蓝的海水将我包围，然后才有机会躲到大海深处，拥抱每一朵浪花。弯月般的青岛湾深处，桥的尽头有一座翘角重檐的建筑端庄地安坐于碧波之上，它叫做“回澜阁”。回望岸边，蔚蓝碧绿掩映着的一片片红瓦建筑，好一个海滨城市。

海滩边上，有卖各色扇贝海螺的小贩，不过据说这样多的海物并不是从本地的海里捞上来的，那些巨大的珊瑚树因为摆放太久，早从瑰丽的橙红色变成了毫无生气的白色。即便如此，我依然喜欢那些精致的海贝，还有贝壳上的颗粒在阳光下泛出珍珠般的光泽。

漫步在栈桥边的海滩，看着夕阳，或是迈开一双沾满泥沙的脚在细沙石缝底下捡拾几枚蛤蜊、或者是小螃蟹，小小的收获就会有心满意足的幸福。或者什么也不用做，站在海岸线上，等着扑将而来的潮水冲刷过脚踝，想想任何挫折亦不过是一瞬间的事情罢了。

也许在这海滩上你会见到一对银发苍苍的老人，他们手牵手漫步在夕阳下，成为爱情童话的最好印证。可是他们背后却掩藏着许多曲折和苦涩，你愿意听吗？一个关于26封信的故事。

男人和女人相识于青岛大学，同样是才华横溢青春无敌，虽然只相处了短短一年时间，却已经把对方作为生命中的唯一，沙滩上有两人海誓山盟的约定，花前月下有耳鬓厮磨的温存，一起追逐浪花的日子，一起捡拾贝壳的日子，都是一去不复返的美好记忆。

可是，美好总是短暂的，等待却是用一生的时间来衡量。40年代末，女人被国民党选派到法国担任驻外秘书的工作，战火连天的国家无法安定，更别说卑微的爱情。于是注定了无言的结局。万水千山无法阻隔的思念，书信就是最好的解答。

男人总是在深夜里，书桌前，写信，写了很多行，然后笔尖滑下一条条细线，将那些浓情蜜意删得一干二净。最后，颤颤巍巍地将第一封寄出去的时候，只有短短几个字："这里一切安好，勿念"，他不想让女人担心。

开始还能收到回信，女人的笔触满是思念与安慰，第二封、第三封、第四封……男人依然坚持用最言简意赅的语句写信，而时局越来越难以捉摸，终于信件往来被中断。男人的信就是投向湖心的那颗石子，连涟漪波澜还没有惊起，就已经哑口无言地沉没到湖底。这时男人寄出的信是第25五封。

女人在50年代末被召回台湾，她决定远离政治圈，甘愿做起了一名普通的高校教员，她也不再写信，而是一心扑在工作上，一直未婚；而男人依然留在青岛。终有一方会先背弃了誓言。

这个故事里是男人，他遵从家里的决定，娶了一个同乡女人，婚后的生活波澜不惊，而当三个孩子呱呱坠地之后，琐碎的家务和繁重的公务让他用尽全力生活下来。

孩子渐渐长大，时局渐渐稳定，他心里燃起了对女人的想念，别无他求，只是希望她能过得好。可是自己有妻儿，就有一份责任，何况高压政策下，不允许有任何敏感的联系，于是念想只能是深深地埋藏在心底。

一湾海洋，将一切眷恋生生活剥。男人除了每天在海滩和栈桥上一遍又一遍地行走，想要找回当年的记忆，“没有别的可做关于这一段感情”。

到了上世纪 90 年代，男人的老伴过世，身边的子女也早已事业有成或是嫁做人妇，男人把子女叫到身边说出了当年的秘密。等到两岸通信通邮的时候，台湾的信件翩然而至。女人保留着 25 封信，男人寄来的信，自己写好的却没能发出去的信，竟然也正好是 25 封，而最后的第 26 封是通邮后的第一封，她已经 80 岁了。

她不再奢望能够重新邂逅的爱情，可是，爱情很奇妙，又重新回到身边。也许，会感慨人生无常，为什么不能让等待提前，为什么让痴情的人咫尺天涯，天各一方？可是，他们至少很幸运，能够在 60 年后重新携手。

华灯初上时，恋人呢喃的背影让这样的海这样的夜变得宁静而温馨。拿出手机，打电话给你心里的那个人，告诉他，你此刻的心情。

基督教堂·福音

从栈桥往回走，就是古老的中山路，一路向北，是凹凸不平的石牙路，然后你就能在右手边的位置远远望见天主教堂的尖顶。如果你想要走近看看，那么地址是浙江路北端的高岗，其实朝着尖顶的方向拐过去就好了。

这座教堂是由德国设计师毕娄哈在考量了哥德式和罗马式两种建筑风格之后设计的，最初的图纸拟定教堂应该高百米，不过那时正值二战爆发的前夕，希特勒严禁德国本土资金外流，设计师不得不修改图纸，建成了现在的规模，那一年是 1934 年。

也许殖民统治在城市的自我构建中留下伤疤，却也将多元的文化以建筑的形式凝结在这座城市，交流的眼神因此打开，所以在青岛，才能看到如此多不同风格的建筑，蓝的天、白的云、红的瓦、黄的墙、绿的十字，流露出了独具风情的一面。

很多对新人选择在这里定下终身，教堂的弥散和钟声都是上帝的福音。我们可以走进去看看。正门进入是一个宽敞而明亮的大厅，可以容纳千人。穹顶的圣像壁画和两侧的圣母像和耶稣像在玫瑰色玻璃窗的映照下显得神圣而美好。右侧的走廊，有几个小小的告解厅，所有色块拼撞出童话般温暖的画面，立柜里有整排红色封皮的圣经。而我只知道最出名的那段主祷文："我们在天上的父，愿人们都尊你的名为圣。愿你的国降临……"

走出天主教堂，仍然返回到中山路，我带你去正宗的王姐烧烤，看看这里的市井生活如何？王姐烧烤虽然门脸不大，可是生意却很火爆，老青岛们都爱来这。烧得油光晶亮的鱿鱼烤串、串烧的蛤蜊，还有鲜嫩的皮皮虾都很不错。看那边的女孩手法熟练，一看就是扒皮皮虾的高手。你有什么好方法么？我的经验是先摇一摇虾尾，这样壳肉比较容易剥离。

你也一定听说了青岛人对啤酒的钟爱可是爱到骨子里了，本地人喝啤酒都不用瓶装的，塑料袋一装一袋特别过瘾。如果是袋子表面上有细密的小水珠，再就是啤酒泡沫多的，一看就是新鲜的扎啤了！青岛人好这一口，喜欢劲儿大的青岛啤酒，如果你碰上爱喝黑啤的小哥，那么尝尝黑啤吧，那个更带劲儿！

烧烤店的斜对面的劈柴院绝对历史悠久，听说是1902年就建立起来的。来历的版本也是五花八门，但是有一点是肯定的，过去的劈柴院就像个大杂院，里面是断壁残桓的破房子，很多南来北往的买卖人住在这里，歇歇脚，赶赶趟儿。于是呢，这里附近卖小玩意、卖吃喝的小摊也特别多。现在，重修之后的劈柴院更有韵味些。狭小的街道被开辟成一条商业街，豆腐脑、秘方排骨、坛子肉的招牌能让人垂涎欲滴。

劈柴院里的江宁会馆会定期上演老戏码或是单口相声。早年的时候马三立就曾经在这里撂地，后来才进入茶社；还有全山东有名的琴书演员李金山，快书先生杨立德，唱太平歌词的大鼻子等也都是在这里表演并一举成名。现在会馆里一个小拐角的地方，还能找到一块木匾额，写的是“马三立说相声处”，地面上一只大大的铜质火锅却让我始终不能明白其用意。

张灯结彩的庭院里，印着福娃剪纸的大鼓悬挂房檐，盘旋的描金大龙在大红立柱上威风凛凛。紫金阁的戏台子下铺满了桌椅，到点的时候就有很多票友聚拢到这里，说戏剧侃人生。这里边想起一个故事，老舍先生在文章里边说过自己在青岛的生活。先生曾经也是票友，头一次在票房里亮了一嗓子，自认为唱得不错，然后寻摸着第二天要再去露一手，可是接连着第二天第三天等了许久，票房里一个人也没有。老舍很诧异，就去问守票房的老爷子的小孙子，问为什么这几天都没人来？小孩子笑着说：“大爷们说了，前天有一个唱得像鸭子叫唤一样的票友来了，所以这几天不来了。那天，您在吗？”

出了劈柴院，往东拐，一直走，在马路的北侧，就是即墨路小商品批发市场。任何城市都有这样一个小商品集散地，青岛也不例外。虽然过去那些热闹喧哗已经不复存在，因为城区改造与迁徙使得这片曾经的市中心有些落寞，可是这里依然是砍价好手们的最爱，因为东西齐全，价格便宜，这里对青岛人来说，有着一份难以割舍的情怀。

八大关·掉进城堡的迷宫

八大关，在汇泉东部，是青岛的一片的老洋楼区，依山傍海的好风景也成为了当年各国驻华政要官邸的聚集地，走在八大关，像是掉进了城堡的迷宫。

八大关，是原来的八条路，每一条路都用中国古代军事关隘命名——韶关路、嘉峪关路、函谷关路、正阳关路、临潼关路等等。你一定要在这里停留至少一个下午的时间，而且一定要步行，走走当年各国名流走过的林荫道，从紧闭的铁艺大门小心窥探那些曾经风云暗涌的使馆官邸。

如果想要去探究每一幢美丽别墅的故事，那么那些历史遗迹也够你列下一张长长的清单。不过，很多地方已经被各个机构组织征用，另外一些成为私宅，一块“游客止步”的立牌像是一个不说话的铁将军，威武地把守着这里的一切。可是，我还是很想带你走过这里，告诉你一些故事。

居庸关路 10 号，有一幢灰墙尖顶的建筑，人们叫它公主楼。当然，这里的故事也是一个王子和公主的故事。1929 年丹麦王子乘坐邮轮菲欧尼亚号到远东旅行，在青岛寄港期间，王子来到了原德国伊尔蒂斯兵营前面的一片海滩游览。也许是丹麦王子一时兴起，和陪同的丹麦驻青领事赵亨生说，要在这里购置地产，给丹麦公主建设一座避暑别墅。故事的结局乏善可陈，因为公主一次也没到这里住过。王子的孤单身影，被放大到由阳光印映的这片礁石杂陈的滩涂上。

也许这样一个故事杜撰成分大于真实，可是很多人宁愿选择相信沉溺在甜美爱歌中。童话里，公主和王子幸福地生活在一起，至于之后公主是怎样为了照顾孩子而大费脑筋，王子爱上了更年轻美貌的女人而移情别恋，还有容颜老去和琐碎的争执最后不堪其累，没有人想要知道。因为宁愿把那些美好留在心底，而把那些不够美好的过滤掉。

现在这里门外，竖起来的牌子是“青岛八大关肾病中心”，也许童话还不够美好，可是作为普通人疗养的地方也很好。门闭森严的公主楼被掩映在绿树以外，露出的红色屋顶，带给途经的人一些美好的想象。

穿过幽静的马路，街道两旁的五角枫还没有红，如果是深秋的时候，殷红的枫叶飘飘落地，厚厚的落叶铺满整个街道，踩上去咯吱咯吱的脆响是落叶断裂发出的声音。而阳光真好，太阳把最好的温暖献给你，当一切变得暧昧而模糊不清的时候，太阳，还是无私地照进每一寸土地，照进人的内心，让那些潮湿而阴郁的角落变得柔软而温暖。

居庸关路 14 号，气派的欧陆风情别墅，这里被称为“宋家花园”，却不是真正的宋家私宅，而是因为连续剧《宋庆龄和他的姊妹们》曾在这里拍摄而一炮而红。宋家花园的斜对面，山海关路9号是一座典型的美式建筑，也是美国第七舰队司令柯克上将的宅邸，后来美国西太平洋舰队司令白吉尔也在这里住过一段日子。解放后，几代国家领导人曾在此居住。所以这里也被称作“钓鱼台”。

走山海关路，也有很多特别的建筑，13号的韩复榘别墅，韩复榘是民国时期山东省政府主席、大军阀。而且据说汪精卫因为和蒋介石有间隙，也曾在这里住过；17号日式建筑被称为“元帅楼”。当深秋的时候，山海关路的法国梧桐自顾自地美丽，带着一身璀璨的金黄，也是凋零前的最后灿烂，然后直到，四季轮换，时间也就是这样一去不复返罢了！

走在八大关，就像是走进了建筑师精心设计的迷宫里，坠入由一座座古堡一般的建筑构筑的美梦。很少有车辆从这里呼啸而过，却有抱着橙黄、粉蓝的游泳圈的小孩子欢腾地跑去海边浴场，他们的欢笑声与打闹声成了美丽插曲。这样一个温柔的午后，还有风从耳边跳跃而过，微微弥漫起来的异国情调让人迷离而又沉醉。

康有为故居·过路文人

在中国海洋大学的老校区附近，有很多值得拜会的名人故居，他们即便只是路过，待上不长不短的一段日子，却对这里的生活难以忘怀，同时也变成了一个城市难以磨灭的记忆。

福山支路5号，是康有为的老宅。康有为把自己的宅院题为“天游园”，而一块溥仪皇帝赐题的“天游堂”的匾额则被恭恭敬敬地悬挂在内宅的门额前。这里现在已经被辟为一个展览馆，供来者参观。这座楼曾经是德占时期总督府要员的官邸，1924年康有为买下来作了寓所，他来过这里三次，每次都住上一段时间，直到1927年度过人生最后的时光，最终将飘荡的心魂留在青岛这片土地上，而他的墓地就修在崂山。

离开康有为故居，沿凹凸不平的六边石板路往上坡的方向走就是福山路，福山路3号是沈从文的故居，沈从文在这里的居住时间并不长，不过二三年的光景。1931年8月，沈从文应校长杨振声的委聘，离开繁杂的上海来国立山东大学任职，就住在这栋小楼。通过浅草和石阶才能进入的居室显得分外雅静，沈先生也许曾经常常踱步到窗口，看看明朗阳光下随时间变换颜色的海面和天光云影。

当年选沈先生国文课的学生们都对先生的第一次上课记忆尤深，沈从文站在台上竟然一句话也说不出来，呆了10分钟后开始径自念起讲稿，只用了10分钟就把原准备讲一个多小时的内容念完了，然后再也无话可说，最后在黑板上写下一句话：“今天第一次登台，人很多，我很害怕。”学生们都为他的腼腆可爱而大笑不已。

时间来到1933年夏天，在崂山带着大海潮湿气味和草木香味的微风里，沈从文遇到了一个穿白色衣裳的美丽女孩，女孩从河里舀了一舀水，摆船走了。因为这一幕勾起了他17年前在湘西县城里看到的那个温柔的姑娘，两个女孩的形象交叠在心中，于是《边城》中的翠翠应运而生。

沈从文故居的旁边，福山路2号其实是剧作家洪深的家宅，这是一栋保护得极为完好的房子。1913年，兵连祸结的年月，经过宋教仁事件后，洪深的父亲洪述祖躲避到了德占区的青岛，这个曾经民国初年的风云人物，在青岛依然延续着以往的奢华生活，于是花了重金修了这座宅子，也就是你现在看到的这座。

洪深当时还是清华大学的学生，每年寒暑假都会回青岛的家中度假，优越的家境却没有养成其他贵公子的戾气和浮躁，洪深用满腔的热血与爱国之情撰写出了一个个出色的剧本。他的《劫后桃花》是青岛深切的历史，也是颤动着这个时代的余音。

而黄县路12号，另一个幽静的小院就是老舍的旧居，这里的确不容易找到，横七竖八的电线在梧桐树下、土砖墙上交织缠绕，很难体会到当年老舍所说的:“望不见大海，但在夜静更阑时，可以听到大海的呼吸。”只有围墙外的“老舍故居”的铜牌让我们相信老舍曾在这里居住过。

老舍最初来国立山东大学任教时，是住在登州路的，他除了教书讲学还做演讲，曾经鼓舞着青岛的众多学生在茫茫黑夜中寻找一线光明。直到1936年的夏天，他突然厌倦了奔波在课堂上的生活，燃起了做职业作家的强烈愿望，于是辞掉了国立山东大学的教职，把全部的热情投入到了写作当中，同时把家迁到了黄县路12号。这年夏天，在这个能够感受到海风咸涩的小巷里，他一边闻着满园花儿的清香，一边回想着朋友讲述的一个人力车夫的故事，写下了《骆驼祥子》。

那是个无法逆转，无法回避的时代，历经了无数次争战与议和的人们对世事都已淡漠了，情感流离失所无处依托，可也有人用一双眼睛寻找光明，寻找最真的人性。

还有鱼山路33号梁实秋的旧居，36号童第周的故居，以及更多更多，值得你细细寻访的地方。当然，当年的国立山东大学也早已搬迁去了济南，留下了中国海洋大学，可是从未改变的是那些沉淀已久的学术气息和一生未变的执着追求。

黄台路·鲤鱼旗下的男孩

三笠町街上，低沉的鼓声一声一声，从远处传来，越来越近，一个男孩子从院子中跑出来。

敲鼓的是日本僧人，他们是黄台路上西本愿寺里的和尚，奉了寺里长老的命令来居民家里化缘。那时候的日本僧侣手里大都会拿着一面鼓，一路走，一路敲。鼓声近了，住户们就知道他们来了，会提前准备好布施的钱物。

那个跑出来的男孩叫秀一，从日本的京都搬来这里。他要在僧人们来的时候把米粮给他们。平时都是家中的长辈亲自做这些，不过现在家里的情况不如从前了，父母都出门在外，但仍然嘱咐他记得行善布施。他等在院门口，僧人见他后低头行礼，他把米粮双手捧给僧人，然后赶紧鞠躬还礼。因为他一直记得父母告诉过他，对僧人一定要有礼貌，绝对不可以轻言怠慢。

等到披着白色僧衣的僧人们远去后，他抬头看看，天空依然很蓝，那面有一点破败的红色的鲤鱼旗在风中招摇。他在心中默默念叨：这是今天第 3 个了。

过去，他还能够跟他的朋友小虎一起玩，可是现在时局越来越艰难，父母说过要尽量避开，也记得锁好门窗，不要随便跑出去。他只好缓缓地退回房里，继续看一本已经看了不知道多少回的连环画，那是小虎送他的中文连环画《三国志》。

秀一对着书，自言自语地说："小虎，你家现在还好吗？你教我的汉字我已经全部都记得了。你什么时候才会来找我玩，教我新的字呢？"从拉开一条缝隙的窗口，他看到院落里的绿色灌木还很鲜亮，鲤鱼旗，依旧飘展。

这一年是 1932 年，这里叫做三笠町，一个日本居民聚集的地方。

而现在，这里早就不叫三笠町了，蓝色的路标牌告诉你它的名字是黄台路。不知道你还能不能找到那栋日式小屋，但我确信它还是存在的，因为前不久，我还站在那扇老铸铁门外往里张望，不过秀一一家早已经不住在这里，至于秀一一家去了哪里？我也不知道答案，这样莽莽的时间荒原，有太多事情可以发生。

尘封 70 年的历史，还残存在那年主人种下的矮冬青树上，铭刻在花园地面上众多的石质装饰物件上。长长的石板路，留下的是长长的岁月。老房子的入口，墙壁上还保留了有鲜明日本风格的玄窗。院子的正中央有一块巨大的石墩，其实那里原本是一个大大的石缸，当年的缸顶上，一定有一根劈开的青青竹竿，涓涓的细流从细长的竹竿流向石缸，夏天的和风吹动，窗台的晴天娃娃点头微笑，而竹竿就像一根时间的媒线，把我们的记忆从这一头牵引到那一头，然后，循环，往复。

推拉的木格门窗换上了新的白纱，那边的石灯静静伫立在草木中央，灰白色的颜色像是用水洗过，很幽静。现在的这里是私宅，铁门长长紧闭，也只能从远处观望曾经的清雅古朴，看那边，洒扫庭院的布衣老人的肩头，好像依然蒙着薄薄的一层，百年浮尘。

在黄台路继续行走，很多闲碎的时光，很多零散的心情，需要你一点一点地拾掇，或者干脆让它恣意蔓延好了。藤萝树下，有坐在摇椅上的老太太，脸上的皱纹不多，皮肤保养得很好，银白色的头发在阳光下有着好看的金色。她现在都说得一口日语。青岛老一辈的人里很多都会讲日语，虽然不会读写，但是肚子里却装着很多日本人占领青岛时的故事。

如果你跟她攀谈起来的话，她会告诉你，小时候曾经在街边的远藤商社里买过茶叶，那时候的远藤商社货品很齐全，有不少有闲钱的德国人都会慕名跑到这边来挑选日本出产的雪花膏；还有家里修筑房屋的时候请的是梅崎组建筑公司帮忙的；还有全家一起去文化写真馆照相的时候，母亲一定要给她的头发上别一朵山茶花。老太太说，那时候的三笠町可是个什么都不缺的地方，生活上所需的任何东西都可以办到。

告别老太太，继续行走在这片被时光遗忘在外的地方，依旧保持着它典雅质朴的气息，一个让人可以住上一辈子的地方。远处的高楼，是曾经的日本驻青岛使领馆，不过早已被拆除了。还是让时光走慢些吧！

香港中路·暗夜的歌

长长的海岸线，喝不完的啤酒，以及享之不尽的阳光，这样的青岛，在阳光照不到的阴暗处，隐藏着许多秘密。这是只属于这座城市的人的秘密。

青岛是一个港口城市，所以总会用很多千奇百怪的走私品偷运进来，大到汽车，小到芯片。可是那些以进口塑料的名义运进来的打口 CD 却少之又少。于是，品质绝佳又没有伤到磁片的音乐原盘受到了很多音乐发烧友的追爱。这是一个热诚而又稳重的城市，可是却不乏激情。

曾经在黄台路上，有这么一家店，很不起眼的门头，店面也是小之又小，可是店里的货色却叫人兴奋，堆得满满的货架上可以寻觅到 Chemical brother、meatbeat 或是 marifesto 的身影，如果某一次在堆放得跟垃圾场一样的 CD 堆里刨到一张 prgface 那一定要大声尖叫了。同样在地摊的小市场里，从提着麻绳口袋的小贩手里买一盘心仪的 CD 都是一种享受。每个人都有不同需求，对于热爱音乐的人来说，那些都是珍宝，而对于生活已经窘迫不堪的人看来，能够用这些东西换一些生活所需就已经足够好了。

海花园

很多年后，拖着一口袋“洋垃圾”的小贩早已不见，而黄台路上的唱片小店也已关闭，店主怀抱着许多好唱片不知所踪，会觉得他曾经是一个音乐城堡的国王；不过这样多无法发挥价值的财富也许算不上好财富，于是国王变成了只拥有空壳的傀儡。

夜幕降临的时候，脱掉那些伪装与面具，投入到内心深处的狂欢或是呐喊。于是，酒吧成了选择之一。黑红色调的夜场，有争论和喁喁私语。挣扎出的是一个新的我。碰杯在一起的是新鲜的生啤，带着青岛人特有的爽气与热情，一层一层丰富的泡沫从杯口涌出来，然后一口饮尽。空气里多了很多金属的味道，它沉重又呛人，那是城中的地下乐团即将登场。即便是生涩，可后劲十足。

狂欢的心情，将一个个地下乐团推向人们眼前，青涩的少年在迸发的鼓点声中发泄未完的青春，这本来就是一个张扬的年代，用张狂的声音掩藏心中的许多疑惑。如果没有什么可以宣泄，那就以音乐之名吧，至少，曾经活在这样的孤单星球，走过这样漫漫长路，一切都会很知足。岁月带走的是无法留住的青春。

如果，想要一次放浪形骸的青春，那么去金沙滩参加一次音乐节，跟台上的乐队大声合唱，让某一种旋律，点燃心中最脆弱的那场烟火，唱到眼泪掉下来，唱到无法呼吸。在细雨和寒风里露宿海边；甚至，自己作为乐团，站上台来，放肆地挥霍青春，放肆去爱。可是，只恨自己还不够勇敢。

那么，还是守住一颗心，做一个倾听者吧！想要蓝调或是爵士，太平角上的老字号“朗园”是个不错的选择。虽然我固执地以为他家的酒或是咖啡都不算太好，可是驻场的那位会弹爵士的大哥一定能让你找到自我。这里，至今仍是一些本地艺术家的聚居地，也许在朗园的僻静角落上，你可以发现一个一边跟美女搭讪的穷酸作家一边在构思他的新作，新作的名字好像叫做《爱》，他想要落笔很久了，可是还是一个字也没写出来。还听说，汤镇业的婚礼也是在这里举行的。

还有青岛本地人不多，可是外国人绝对不少的“街角”，在闽江路上的一个十字路口，因为上了《LonelyPlanet》的介绍，让这里成为了留学生和外国人的根据地。特别是到了入夜的零点以后，很多人开始转移到这里，一扎又一扎的啤酒，是男人们友情的宣泄。

我现在，会选择傍晚时分，在临海的石头房子选个临窗的位子，人变得舒适而慵懒。窗外，可以清晰地捕捉到海景分分秒秒的变幻，体验到不谙世事的纯净和尘埃落定的淡然。其实，只要准备些对自己胃口的酒，到自己喜欢的地方，约自己想见的人，比什么都强。而我吗，暂时只想一个人，看着落日在海面上洒下的酒红色，和这杯中酒的颜色是那么相近，这样就够了。

后记

因为一个人，爱上一座城。这个人，也许是在你翻遍口袋找不到零钞时为你在公交车上投币的女孩；也许是在你趺趺撞撞走向山崖时告诉你要千万小心的老人；也许只是在十字路口的地下通道里唱一首歌却温暖了你一整颗心的弹唱者；也许是告诉你一个温婉动人故事的婆婆。

青岛，可以有多爱你！从奔驰在道路上的公交车上看窗外瑰丽的玫瑰红的云霞；在鼓动风帆的游艇上看没有一丝云彩的瓦蓝瓦蓝的天空和碧波荡漾的海面。一份无法疏离的情愫牵绊着我的心，将城市上一个个的孤岛连成一线，最后成为一个同心圆，把你我包围其中。挥之不去的，是对这个城市的眷恋，还有对你的思想。

在海滩上，沿着柔软的海岸线慢慢行走，有我渐渐远去的身影；在椰树下，捧着一只青色椰子喝椰汁，有你满是幸福的笑脸；远处，星星点点的帆船在碧蓝的海天之间，若隐若现。欢迎加入我的旅行，这里是海南三亚。

Chapter 7

三亚

三亚湾椰梦长廊

手中有一份三亚的地图吗？翻开它，会看到三亚是一个三面环海的城市，面积不大，却充满诗情画意。而我们今天的首站就是三亚湾，它是三亚的三大海湾之一，位于城市西侧，与市区联系紧密，是旅游休闲的最好去处之一。

三亚湾的海岸线很长，延绵 22 公里，挺拔的椰树一路延伸开去，直抵蔚蓝海岸，宽阔的海面令人折服，而海风像调皮的精灵穿梭其中，拨动着我快乐的心弦。

这里的椰树遍地都是，让你甚至意识不到它们是可以结出椰子的椰树，直到某天行走在街道上，面前的树突然掉下一颗成熟的椰子来，你才会再次意识到，身边的树原来也是可以结果的呀！

不过这样一个足球大小的椰子掉下来可不是一件轻松事，据说从前岛上也有椰子掉下来，并且正好砸到途经的无辜行人，结果造成了严重后果，差点要闹上法庭。所以，现在三亚的市政部门都会组织专门的林业管理人员，定期将椰树上相对大颗的椰子砍下，避免昔日的惨剧重演；也正因为如此，我们在三亚街头所买到的椰子也多半是青皮的，因为没长成熟，味道难免有点生涩。

地图上将三亚湾的区域标上了“椰梦长廊”的名字，好有诗意的名字，不免让人心生疑窦，生怕名不副实。不过只有真的走近它，才发现它是当之无愧的。热带风情的街景免费向公众开放，实际上它是一条正常使用的大道，属于所有人；它色彩斑斓、景致怡人。

有人把吊床绑在两棵椰树之间，然后躺在吊床上看看杂志，要是困了就把书盖在脸上打个盹，享受海风吹拂，阳光抚照，实在惬意！难怪人们说在三亚，任何心中的繁杂荒芜都会消失无踪，剩下的是平静和闲适。

三亚湾的夕阳是最美的。看看手表，下午 5 点，正是体会美丽夕阳的时候，太阳变成火红火红的一团烈焰，将身边的云霞都燃烧成了瑰丽的红色。视线前方的椰树叶像姑娘的睫毛，斜斜地低垂下来，细密动人，随风轻摆，传递着无限柔情；而这时的海面被余晖镀上一层金色，被树叶剪影成另一种风姿绰约的美；天色渐渐变得暗淡，太阳也收敛了光芒，变得亲切柔和，恰似一双传情的眼眸，闪耀着光波点点，透过椰叶稀稀疏疏投落下来。在三亚的日子也是如此吧，看着时光从指缝偷偷溜走也无动于衷，因为这里让人忘却世俗烦恼，只愿在这世外桃源悠闲休憩。

红日渐渐被海平面吞没，只剩下霞光万丈透出云层。海边散步的恋人，捡贝壳的小姑娘，相互依偎的老人，慢跑锻炼的小伙儿，都在着落日的余晖中变得分外柔和，那美丽的色调无法形容。

海边传来铿锵有力的口号声：“一、二、三、一、二、三”，原来是这里的渔民在收获拉网。傍晚潮汐涨落明显，趁现在赶海便是再合适不过了。只是这拉网却很耗时间，一次需要两三小时；也很费人力，一张网要有十几二十人一起才能拉动。晚上八点左右收完网，大家会心满意足地统计捕获的海产，平均分配，再由渔夫的妻女拿到附近的海鲜店兜售。

第一次在海南城区偶遇原生态的捕鱼生活，心里有了更多的亲切和温暖。

三亚的夜

三亚的白天又长又热，但是一到太阳落山情况就完全不同了，温度降下来，阵阵海风清凉舒爽，椰子树下，一家又一家卖清补凉的小摊就搬出来了。摊铺很简单，一张小桌，一个橱柜，几只冰桶，就算是全部的生意家当。掌柜，一般是本地姑娘，年纪不大，但心眼却活泛，游客给她们起了一个好听的名字——“清补凉西施”。

橱柜虽小，东西不少，里边一溜的大玻璃碗，装着糖水煮的芸豆、绿豆、红枣、薏米、通心粉、菠萝丁、西瓜丁等。想吃什么，吃多少都由自己决定，搭配好了舀进一只小塑料碗，倒满浓浓香香的椰奶，加上一两个冰块，一碗清补凉就算做好了。当然，还有加糖水的、奶茶的、西米露的清补凉，口味各异，价格也就不同了。有讲求美观的掌柜还会在小碗中放上一两片丁香叶，鲜艳欲滴的翠绿加上五彩缤纷的冰浆杂果的确能让人眼前一亮，食欲大增。

抱罗粉也是海南当地的特色米粉，白色细软的粉丝，油味飘香的汤头，再配上本地特产的嫩笋、牛肉丝，让人赞不绝口。此外，三亚的鸽子粥、鱼片滚粥也很不错，这里的粥，一方面融合了广东老火靓汤的煲粥方法，一方面又接受了广西味道鲜香的独特口感，堪称一绝。

吃完夜宵，咱们再去海边转悠转悠吧，入夜后的海湾也是本地市民悠闲散步的好去处，或是三三两两的踱步闲聊，或有双双对对的情侣牵手漫步，小宝宝拖着爸爸妈妈的手欢乐地跑着去捡那枚最美的贝壳。海边升腾而起的孔明灯，红色的火光忽明忽暗，却带着最美好的祝愿漂向远方。

三亚是一个移民城市，也是一个旅游城市，所以这里的夜生活同样充满着异域风情。鹿回头脚下的河海交汇处，便是三亚的酒吧一条街，灯红酒绿，霓虹闪烁，奢靡的气息和暧昧的味道便在街道的上空漂浮荡漾。

某个酒吧里，金色头发的外国游客围坐一团，他们正玩着德国某个小镇流行的游戏，自娱自乐也很不错。另一边的音乐却正high，快节奏的歌曲震耳欲聋，舞池里人潮涌动，大家手舞足蹈，群魔乱舞之势，尽情挥洒心中的激情与快乐。也许这里是最容易碰撞出异国恋情火花的地方，高挑美丽的北欧女孩，浪漫风情的意大利男人，漂亮的面孔总让我应接不暇。

那我们去大东海看看吧！本地的市民经常来这边，特别是孩子们，因为这里像是一个游艺园，小贩们和杂耍艺人们云集于此，表演着令人咋舌的各种绝活，地上的小摊摆放着美丽的椰壳工艺品，比如一个椰壳纤维编织成的零钱包，只需 5 元，又漂亮又精致，让我忍不住一口气买下 5 个来。

大都市熙熙攘攘的人群也许与你无关，因为那些欢声笑语中安静的你只会更加孤单，但三亚不是这样，这里的海风、这里的温暖，总能带给你无比的惬意与自由，心也离寂寞清冷好远好远。

夜晚，有习习海风拂过，心中清澈明净。

骑车环城·槟榔村

三亚是一个被绿色植被环绕的城市，空气清新，街道不宽，吸引了来自各个国家的很多环岛“骑友”们，他们事先研究好路线，想去的地方，特别的地方，然后踩着自行车出发了，只为寻找那未曾发现的绝美风景。你也不妨一试哦！

我想把第二天的旅程定为环城骑行。从自行车行租了一辆红色自行车，调试好后，我们就可以开始今天的旅程了。

想去槟榔村看看黎族特色的热带村落吗？早早地打听好了具体线路，加上怀揣的地图，没问题，我们这边走吧！

从海湾边的酒店出发，由海虹路北上，在老海南商行处右转便进入凤凰路，豁然开阔的路面总能让我感叹三亚日新月异的发展，前几年可能还是烂尾楼林立，交通设施不佳，但如今不过几年光景就已是如此完善。

看起来手中很大张的地图，布满了密密麻麻的店铺标注，结果实际走下来，才感叹三亚果然不大，从海边到市区走路也不过几十分钟，更别提还有自行车代步了。不过几分钟的车程，便是凤凰镇，向前走约600米，前方交汇的是解放路和凤凰路，我们选择左手边的凤凰路继续前行约 2 公里，大约十分钟的车程。然后在第二个路口左转进入一条羊肠小路，小到在地图上也找不到名字，向前骑行七分钟左右到林家，其间的道路或笔直或曲折，心中一点也不会觉得单调，因为沿途的不同美景，不同人物都像是胶片电影，缓缓展示着三亚的美丽和动人。在林家左转，100 米后在第二个路口右转，然后顺着公路骑车就可以到达。

自行车随着些高低不平的路面起伏颠簸，心中的快乐也随之激荡；脚下的车轮转得飞快，看身边成片的椰树林缓缓往后倒退，那份自由自在仿佛呼之欲出，要飞起来。旁边蜿蜒曲折的小河叫槟榔河。浅浅窄窄的河道，清清澈澈的河水缓缓流过，偶尔撞击河底的卵石发出哗啦哗啦的声音，真像一个孩子银铃般的欢笑。

然后看到槟榔河两岸搭建了长长的观景台，河岸边、村道旁，栽着成排成排的槟榔树，树干又细又高，小小的槟榔果结在高达的树冠中，树下花团锦簇，竹楼竹凳向人们展示着浓郁的黎族风情，我知道，这里就是槟榔村了。

推车步行，阳光透过槟榔树叶的缝隙倾斜下来，温暖融化在石板小路上，也融化到我心里；村里圈养的鸡鸭叫声随处可闻，还有小狗亲昵地向你摇着尾巴四处晃悠，一切都是那样恬静与安宁，时间也凝聚在了此刻。

在小巷中左拐右拐，便看到一个黎族传统文化陈列馆，其实我想不管怎么走都会看到它，因为槟榔村很小，陈列馆的位置却很明显，让你不管从哪个方向走都不会绕离它。里面是一些关于黎族人民生产生活的历史资料和实物。如果觉得有点无趣的话，我们就去真正的黎族人家中感受一番吧！

黎家阿妹在树下巧笑，手中的活儿却没停下来的意思，她们的手如同鱼儿穿梭珊瑚丛一般来回游走，漂亮的黎锦也就是在这巧手机杼上流淌下来。

当然还有不少民俗表演，黎族小哥们身手矫捷，飞快地攀爬到槟榔树上，成串的槟榔果便被轻轻松松地放在背上的小竹筐中。旁边有满嘴通红的孩子在树下拍手叫好，那红色的确鲜艳异常。不过不要被吓到了哦，因为海南人不论男女老少都对槟榔情有独钟。据说吃法也很特别，将新鲜的槟榔沾上石灰，用树叶卷了就可以塞到嘴里大嚼特嚼，不多一会儿，红色的槟榔汁就会充盈到唇齿间的各个角落。所以在海南有句老话叫“一口槟榔一口灰”，说的就是槟榔包石灰的吃法，至于是否有碍健康？那就不得而知了。当然还有竹竿舞表演，只要不怕被夹到脚，大可以参与其中。

骑车环城·田独镇

离开槟榔村，沿河折回，随性而发的骑行，向东行进了很长一段，这里是迎宾路与吉阳大道的交汇处，意外发现一片别样的山景，原来三亚不只有海，它的山石风光同样旖旎迷人。眼前是一片连绵不绝的稻田，鹅黄的色调，向着远方，蔓延开去；远处的山峦如一抹青黛，袅袅数笔却很是写意。

这里因为气候常年温润，水稻也可以一年接连收割三茬，是全国为数不多产三季稻的地方。想要感受充满热带气息的田园风光吗？那么，我们一块儿去田独镇走走看看吧！

看到这个田间小道的吗？就是有蓝色路标的这个，应该一直往前就可以了。路有点窄，只能容许两个人并排行走。可能刚下过雨，地面有一些泥泞，我们推车步行吧，也要小心脚下，别踏空，或是踩到某只刚刚苏醒的青蛙，青蛙跟你都会被惊吓到的呢！很久不见的水田，有水鸟的剪影掠过，远处的云层有些低矮，不知是否有一场大雨正要来袭？三亚的天气也总是善变的，我们走快一点，希望赶在暴风雨前去村民那歇歇脚。

再有十几分钟的车行，我们会看到青釉的山脚有一座小山村，它掩映在葱蓉的大片椰林之后，草屋顶、竹篱笆，这里就是田独镇了吧。据说部分山民是回族后裔，他们自称阿占，早在唐宋时期就从占城迁居于此，只是地处边陲，逐渐与北方的回民有了些不同。

山民们和村落一样恬静本分，普通话有一些蹩脚，但不要担心，只要用心听，不论是交流或是寻求帮助都是没有任何问题的。他们也很热心好客，兴许会请你去庭院坐坐。我对于这样的邀请一般都会不假思索的答应，因为拒绝似乎总有些瞧不起和防备的味道，敞开心扉欣然接受就好。

屋主告诉我说，他叫老刘，只是一个普通的村民。靠山吃山，靠水吃水，一直过着刀耕火种的生活。孩子们想去岛外的世界看看，于是都跑去深圳东莞等地方打工，只有过年时才回家看看。现在家里只有老俩口伺田弄地，倒也满足，老婆这几天去了娘家还没回来。

跟他们朴实的笑容有些不同的是院外雅致的蔷薇，藤蔓安睡在竹篱笆的枝枝条条上，身上爬满了米粒般的绿芽，风儿一吹，都饱满起来，我想用不了多久，就会有满墙的绿意婆娑，再不久，红色的花朵便挂满枝桠，盈盈送来甜蜜清爽的气息，正是满架蔷薇一院香。老刘说这蔷薇苗是他家姑娘出门前栽下的，希望来年能看到满架花香。虽然未曾谋面，却能想到女孩儿清秀面庞下两朵红云像极了蔷薇绽放。

雨并未落下，阳光却露出笑脸，是要离开的时候了，又想着应该留下点什么礼物，老刘执意不肯，只说以后一定要再来看看，到时候一定让老伴儿烧几个特色菜尝尝。很淳朴的好客，很真诚的笑脸，让我收获了满满的情谊，其实心中的感动何止这些？向老刘道别，我们都要好好保重！

旅途总有惊喜，让我欣喜，也许这也正是我不断前行的动力吧！

骑车环城·亚龙湾沙滩晚会

准备骑车回亚龙湾了，我们顺便去第三市场买些水果吧？这里的热带水果便宜又新鲜，个个鲜艳可爱。我也买些木瓜和牛奶带回去，在酒店，我可以给你煮上一杯木瓜奶茶，味道很好喝哦！

还有椰子也是一定少不了的。这里的朋友告诉我说，海南的红椰最好，其次是黄椰。青色的椰子还未成熟，椰汁生涩不大好喝，但是里边薄薄的一层椰肉却非常好吃，像果冻啫喱，轻轻用勺一刮送到嘴里，又润又滑，保证在其他地方吃不到；要是单想喝椰汁，那还是挑个大壳硬的棕色椰子吧，保证又甜又绵，只是椰肉却长成了坚实的块状，想吃可就不容易喽，除非用刀劈开才行。

要吃最甜的椰子？那么一定得是在正午太阳最烈的时候去树上采摘下来，因为那是水分、糖分都恰到好处，带着太阳烘烤的暖意，甜香四溢。

在三亚有这样一句话“三亚归来不看海，亚龙归来不看湾”，可见亚龙湾在游客们心中的地位。它像一弯新月，落入凡尘，镶嵌在天涯与海角之间。这里的沙滩，海域都经过了很好的规划和整理，白色沙滩细腻洁净，海水清澈见底，最美妙的就在于亚龙湾的海水会有不同色阶的分层，淡蓝、青蓝、碧蓝、深蓝、墨蓝，跟白色的沙滩相映成趣。

亚龙湾是这样一片海滩，它被二十几家豪华酒店包围着，深藏不露如同神秘的后花园。所以第一次来的人可能会被眼前众多酒店迷惑，不知怎样才能进入亚龙湾。旅行团的安排多半是花36元门票，经过亚龙湾广场的贝壳馆，再进亚龙湾；但事实上大可不必如此，亚龙湾的海滩完全免费对公众开放，只是被酒店挡住，因此让人产生错觉；其实，只要在广场贝壳馆两侧的任何一个酒店，直接穿过大堂和花园就可到达亚龙湾。亚龙湾沙滩边的厕所、更衣室和淡水冲洗的地方都是免费的，沙滩躺椅和阳伞属于酒店，可以付费使用。

到了亚龙湾，天色渐晚。夜幕笼罩下的亚龙湾弥漫着静谧的气息，咸咸的海风带着腥味，长长的海岸线上各个酒店都会挂上不同风格的廊灯，海风所到之处，椰树摇曳生姿，别有一番风韵。今天正好是周末，所以会显得格外热闹一些。碰巧有几家酒店都在举行海滩party，酒会就在这点点繁星下拉开序幕。

菲律宾乐手吹奏着手中的萨克斯，悠悠扬扬的曲调伴随着海风钻进耳朵里，实在是一种很舒服的享受；海水在低声吟唱伴奏，海浪轻轻拍打海岸沙滩，欢快而灵动。身边的游客似乎也沉醉其中，眼神游离飘向远方，不知是为何时的往事而感伤惆怅？

身着礼服的女人，步履婀娜地走向桌前挑选食物，手中的餐盘空空如也；言谈甚欢的男女，深情的眼色，优雅成熟，风度尽显。渐渐的，气氛开始变得高涨，从矜持到热情，原来也很简单。

夜间的海风微凉，海滩上的石凳还残留着白日的余温，三两个不愿置身热闹酒会的人坐在石凳上窃窃私语，偶然有咯咯的笑声传出来。这样的夜晚，即使静静呆着，也很快乐。偶尔会有烟花在天的深处绽放，瞬间点亮城市的每一个角落，又立刻沉寂下来，让人记住那短暂的华丽灿烂；远处星星点点的渔火在海的深处闪烁，轻声咏唱那一个个美丽动人的故事。

蜈支洲岛潜水

今天我们的目的地是蜈支洲岛。去蜈支洲岛需要乘船，海上风浪比较凶猛，所以平时晕船的话，可以选择后甲板或是乘客座位的后区域。如果不想在蜈支洲岛过夜就一定要提早回来，因为这里的车船很早就结束运营了。

乘船，扬帆，起航。经过 15 分钟的船程，远远看见一个小岛，像一只绿玉蝴蝶，在碧蓝的琥珀色海面颤动翅膀，这里就是蜈支洲岛了。它在三亚市北部的海棠湾内，岛屿的面积不大，只有 1.48 平方千米，不过却是游客们的最爱。

柔软的海岸线上有全国独一无二的白色沙滩，因为完全使用珊瑚粉末，柔软如白绵，细腻如凝脂，显得更加珍贵美丽，即使比起加勒比海盗电影中的那个漂亮海滩也毫不逊色呢！和煦的阳光洒落下来，珊瑚的粉末在透明的阳光中熠熠生辉。伴着清新的海风，天上没有一丝云彩，湛蓝湛蓝的，这里，果然最适合晴天来。

踩在海滩上，脚底像碰触到细细的棉纱，可能不知觉时小半条腿就陷进温柔的沙滩中了。滩涂上可以看见很多鲜活的贝壳和海螺，他们偷偷在沙滩上迅速移动，让我很好奇。拾起来一看，原来是寄居蟹搞的鬼，他们躲在软体动物留下的硬壳里，用以掩饰身份，趁机捕食小虾米，的确够鬼灵精哦！

在沙滩上行走要多加小心，因为一不小心会踩到某个孩子还未建成的“沙滩堡垒”，实际上可能是某个将身体掩藏在沙堆里的游客。当然，热力四射的沙滩排球也总会引来热议的目光，拉上球网就开始打排球的俊男美女，在阳光下尽情挥洒，旁人都被他们散发的青春气息所吸引，也会被那快乐的喧哗与笑声所感染。高高瞭望台上的是海上救生员，皮肤被晒成了很好看的巧克力色，因为经常游泳而练就的健美形体，威而不怒的的敏锐眼神，的确让人着迷，难怪总能获得女孩们的青睐与热议，不过我还是远远的旁观，欣赏就好。

蜈支洲岛也有着刚毅的另一面，临海的巨石嶙峋，又摇摇欲坠；偶尔会有窸窸窣窣的声音，那是陡峭的石壁上滑落下来的小碎石，这样的场景不知怎么的，总能让我想到某些剧情里侠客孤独地面朝大海，思量心中的江湖的场景。大朵大朵的浪涛猛烈撞击海岸，发出巨响，如同卷起千堆雪花，气势恢宏的史诗交响乐，让每个前来一睹风采的人为之震撼。

在三亚，在蜈支洲岛，体会到什么叫山海一色，相见恨晚；山与海的碰撞正是刚柔相济，寻寻相许。而蜈支洲岛丰富植被也是值得一提的，很多不知名又美丽异常的植物在这里很好的生长着，比如从恐龙时代流传下来的桫椤，“地球植物老寿星”的龙血树，而寄生、绞杀等热带植物景观更是随处可见。

蜈支洲岛四周的海域清澈透明，海水的能见度也很高，最清澈的部分能够达到 27 米深，加上鱼类、藻类和珊瑚十分丰富，是潜水的不二选择。岛上的潜水运动包括有岸潜和船潜。岸潜和船潜的区别吗？其实很简单，两者都是“肺潜”,“肺”是“心肺”的“肺”，意味着深入大海深处，实际上就是背着氧气罐，穿上潜水服、蛙鞋，潜入海中；不同的是，岸潜就是在近海岸“肺潜”，船潜则是将船驶向深海“肺潜”。

因为想看到更美的海底世界，我选择了船潜。潜水教练说：“正规的肺潜得培训至少三天，拥有资格证书才可以，不过对于游客不可能太长，一般培训半小时就可以下水，主要是学习一些简单的海下手势和排压方法”，潜水时，一定有教练全程保护，如果排压技能掌握不好，潜不了多深便会因为耳朵疼痛难忍而不得不叫停。

经过短暂的培训，租一条快艇，驶向大海深处。戴上潜水装备，我便跳下了海，不知是不是因为潜水镜的关系，视线之内都是富得流油的绿色海水，数不清的五颜六色的鱼儿把我团团围住。海底的珊瑚变幻着紫的、红的、玫瑰色的各种色彩；奇形怪状的鱼儿在瑰丽的珊瑚丛中游刃有余。它们或者从我的手指缝中、腿间、身边穿梭而过，好想拥抱它们，可鱼儿都调皮的往我怀里钻，又立刻矫捷地游离，我伸手去抓却怎么也抓不住！突然有了猪八戒“撞天婚”选媳妇的憨傻，是呀，鱼儿们这么灵动活泼，我这样一个不速之客正像突兀地闯入他们的领域，当然会被鱼儿们趁机戏弄一番喽！

蜈支洲的运动项目当然还有很多，拖伞、海上摩托都是很惊险刺激的项目，当然不用担心安全隐患，因为一旦落水会立刻有人救上来的，何况身上有救生衣保护着，完全可以放下忧虑，尽兴地玩。累了的话，我们就坐在沙滩上吧，什么也不干，只要静静地呆着就好，看着游艇划碎宁静的海面，看身边尽情嬉戏的孩子，看海滩上深深浅浅的脚印，享受日光浴的洗礼，我相信，没有比这更惬意的事了。

大东海海上基地

大东海也是三亚的三大海湾之一，因为靠近市区，开发较早，也成为游客聚集的地方，今天我将再次乘船出海，漂上一天，渔船就是我的海上基地。

这里只是大东海边一个很简单的渔港，几叶小船漂流其上。我的船也很普通，绿色的甲板有些陈旧，船里两侧摆着三三两两的塑料小凳，方便游客乘坐；麻雀虽小却五脏俱全，船上厨房、卧室、卫生间、淡水淋浴一个不少，难怪能称之为海上基地了。船主是疍家人，全家人以船为家，常年以海为生，不过四十来岁的他，面庞却因为雨打风吹而显得黝黑沧桑。他还有一个二十多岁的儿子，也长得黑黑壮壮，有潜水执照，所以常常会向游客推荐一些潜水项目。

午后是垂钓的好时间，特别是在这样一片美丽的水域，因为还未被商业开发，所以鱼群很多，水质特别清澈。立在船头，可以看到海中礁石下的阴暗面还粘黏着几只贝壳和海螺，澄清的水中小鱼儿欢快嬉戏，好不畅快！船主给我们每人一只钓竿，简单地讲了讲垂钓要领便让我们开始自由发挥了。

也许是运气不错，也许是饵料够诱人，也许是这里的鱼儿真的太多，不过十几分钟就有鱼儿咬钩了，这力量还不小，我心里一震，赶紧收线拉回，一只老虎斑便被我收入囊中，实在是开心的海钓。期间又有不少游客惊呼有大鱼。几个小时下来，大伙收获都不小，数一数，有好几十条，连我这样的新手也钓到五六条，更别说游客中的钓鱼好手了，还有人钓到蓝色的苏眉或是漂亮的小丑鱼。你的收获如何呢?

夜晚的海面有徐徐清风，暑气消散，变得宁静怡人，船家大嫂为我们烧制了原汁原味的疍家美食，都是白天里钓来的小海鱼，还有些常见小菜，鸡翅烧烤、热狗、大虾，味道鲜美得很。煮海鲜的汤料简单之极，只不过是一锅清水加上些青葱姜片儿，蘸料也再普通不过，葱蓉、蒜末、姜末，但加上了海南特产黄辣椒，够辣够香，再来一碟老陈醋足矣。清蒸的石斑鱼蒸得正够火候，肉细汤鲜；一道海胆蒸蛋，海胆装蒸蛋，嫩滑无比，两者相互补充，真是无以伦比的绝妙搭配……我们一边吃一边聊着开心的事，不觉时间过得飞快。

船家大哥几碗酒下肚，打开了话匣子，跟我们说起他们疍家人的来历：秦朝的时候，疍家人的先祖们被官军所迫，由陆地逃到海上，从此只能终日栖水而居，沦落天涯江海之上。因此，三亚的疍家人也并非海南的原住民，他们最初是广东一带以捕鱼为生的渔民，主要说粤语，近年普通话也日有长进。从前疍家人没有大船，无法远航，只能在近海捕鱼。渔港里也没有他们的一席之地。退潮时，他们下笼下网，捕些鱼虾，生活随着潮汐变化而变化。但是现在，他们有了自己的大渔船，依靠带领游客出海、潜水、钓鱼以及开发海上住宿等项目，衣食逐渐丰裕。

聊到兴起，渔船大哥给我们唱起了疍家人的民歌——咸水歌，音色算不上圆润高亢，却格外的动情，沧桑而深沉的曲调，静静漂荡在这海天之间，融化成这海浪的泡沫，随水流转向更远的未来。

船家大哥说，现在最大的愿望就是能够让自己的小儿子上岸，以后读好书，将来娶个媳妇，过稳定的生活，不要像祖辈这般漂泊。我心中有了更多的感动，疍家人也不想一辈子做流浪海上的“吉普赛人”，他们渴望被认同，怀着淳朴诚挚的心接待来自天南海北的游客，游客鱼贯而来，匆匆而去，看到的是碧海蓝天的美景；而对于他们，茫茫海天更是生活的寄托和来源。

夜已深，是准备休息的时候了。船家大哥为我们拿出帐篷和防潮垫，准备在木板上扎帐篷，走，我们一块去帮忙吧，今晚上，我们要在船上住下了。海上露营，却是平生的第一次。在睡袋里却怎么也睡不着，于是随性拿了睡袋跑去二层平台的甲板上躺着看漫天繁星，一颗一颗，那么遥远又那么清晰，像个孩子眨巴着眼睛对我说：“你好吗？”

四面都是海，海波轻轻叩击着船身，柔柔软软的亲昵不露痕迹；身边有海风吹来，凉凉爽爽的格外撩人心扉；这里没有城市灯光的聒噪，却有星光陪你轻声耳语，它近在咫尺，触手可及；它又远在天边，飘飘渺渺。抓不住的思绪随风而去。

后记

我，如候鸟般休憩于此，看潮起潮落之下的美丽贝壳浮出海滩，听穿过椰树林的海风轻声歌唱，品鲜美多汁的海鲜满口生香。我，又将离去，如同在这里栖息的游客们。但我知道，我，一定会再回来。因为，三亚是一个如此美丽的地方。

青石板上的绝美诗行，是你留给我的缱绻，勾起无尽的念想；唱不尽的桃花扇，将千古风流直刺心中最柔软的角落，那溅落在扇面的不是鲜血，而是千年的泪珠；小桥待嫁的女子，青石板上有你我被斜阳拉长的影子；在虎丘斜塔与斜风细雨不期而遇，声声慢的黄花却还不见开放；拙政园留园留不住的西山夕阳，为这静谧的水乡之夜歌唱向晚。这里是苏州，一个风流才子默写忧伤的地方，一个清婉女子撑油纸伞走过的地方。

婉约

Chapter 8

苏州

拙政园·城市之眼

没有什么比起拙政园更称得上是苏州的眼眸，她顾盼生辉的灵动，把全部的锦绣精致呈现给你我。她的目光扫过的时候，就像一种浑然天成的艺术气息，渗透到这个城市皮肤的每一个毛孔之中，于是这里的房子、这里的人、这里的生活节奏也都被打上了深深的烙印——精致的“苏州国”的痕迹。

拙政园，在苏州市东北街178号，不过是一个私宅，却展现出皇家园林的气魄来。1509年，明代弘治进士王献臣弃官回乡后，在原唐代诗人陆龟蒙的旧宅基础上重新拓建，还请来了当时吴门画派、四大才子之一的文征明参与了亭台楼阁蓝图的设计。建园前前后后花了16年，可是建成不久，王献臣就去世了。往往高官膝下多败儿，王进士的儿子是个十足的纨绔子弟，一夜豪赌就把园子输个精光。

奇怪的是，越美好的东西越是不留人，美丽的拙政园就像是中了可怕的魔咒，每个占有拙政园的主人都没有很好的结局，于是此后的500多年，拙政园数易其主，吴三桂的女婿王永宁、太平天国的忠王李秀成、抗战时期的伪江苏省省长陈则民都是如此，于是拙政园的角色不断变换，医院、戒烟所、区公所或者是学校操场。直到1950年之后，园子被收归国有才算结束了惨淡的岁月，重新整合恢复的拙政园容光焕发。现在我们看到的园子，是遵照了太平天国忠王府花园的原貌进行的翻修。

拙政园共分为西园、中园和东园三个部分，其中还有像枇杷园这样的园中园。它们用很精巧的布局来营造一种如画的美景。你可以慢慢地行，用脚步，一寸一寸丈量这方美丽的景致；用眼眸，一张一张抓拍那些可以定格的永恒瞬间。

我想过去一定有很多美丽的女孩子坐在这园子里读书嬉戏。万物复苏的春天，柳叶嫩黄了，鸳鸯在水中欢畅游动，活泼的少女们用并蒂的夫妻穗斗花；夏天的时候，坐在临水的荷风四面亭里丢些小食，就可以看到莲叶下轻轻摇动，那是因为丰腴的红鲤鱼们都从四面八方聚拢而来抢食美味；等待秋叶飘零残荷枯萎，肥美的大闸蟹该上市了，一筐一筐的红壳大蟹摆上餐桌，吟咏诗文的女子不知谁会拔得头筹；冬季似乎没什么看头，却别忘了园中的腊梅花，在冰冷的雪中桀骜绽放，只有幽幽的暗香才能够让人分清那些到底是雪还是梅花。

漏窗下，两个小姑娘正讨论着“与谁同坐轩”的出处，而我知道，那是苏东坡的那句“与谁同坐，明月，清风，我。”从这个扇亭的空窗里看去，一面是倒影楼，另一面是三十六鸳鸯馆，后面窗户中所看到的笠亭的顶盖又是一个完整的扇子。这样挖空心思的架构真是巧夺天工，如果你惊呼地发现这一切，那么可以说，其实只要留心，每一步皆是风景。

不过这些再熟悉不过的风景对整日禁锢在闺阁中的闺秀小姐来说，她们想必兴趣寡然，不如请戏班子在这水台之上唱一段昆曲，还能解解闷。“是偶然间心缱绻，梅树边……这般花花草草由人恋，生生死死随人愿，便酸酸楚楚无人怨。待打并香魂一片，阴雨梅天，守的个梅根相见……”那是一出游园惊梦，只记得身边不知是哪个姐妹说，那台上唱戏的伶人跟三小姐很相像。

千百年后，这里偶尔还会搭台唱戏，如我这样的俗人走过，还是会由衷地发出赞叹，用最真实的内心告诉自己，这样的匠心独运并不是白费，而是能够凝固于时间之外，直到永恒的美。

见山楼也有过另一段英雄故事，清代咸丰十年正是兵荒马乱的年岁，太平天国势力扩张，忠王李秀成率水军东征，攻破了清军江南的主营，然后在这里安营扎寨。李秀成把拙政园的一部分开辟成忠王府的后花园。处理公务时，李秀成最喜欢的就是梦隐楼，那里可以远眺到灵岩和天平山，不似风雅文人那样，李秀成把“梦隐楼”改成了“见山楼”，推开楼门见青峦，他渴望建立自己的丰功伟业。山外青山楼外楼，腥风血雨几时休？可如果只是在金戈铁马中力挽狂澜，想要为分崩离析的旧时代做最后的挽留，那也不过是徒劳罢了。可惜，可叹！

拙政园仍然是那个拙政园，只如今没有了闺阁小姐的吟诗作赋，没有了战争年代的峥嵘磨难，有的只是宁静。它只是一个水上的宫殿，堆砌的嶙峋怪石、涓涓细流，满架的紫藤花低低地垂下来让水墨画般的建筑有了妩媚的风情。

耦园·美人痣

在苏州市城东，小新桥巷 7 号，一个小巧秀气的园林静卧其中。他有一个美丽的名字——耦园。

不同于雍容华贵的拙政园或是留园，耦园就像是还未长成的豆蔻少女，用青涩的目光流转着千年的期盼。又或者说，像一颗小小的痣，隐藏在苏州城的眼角周围。耦园的美来自于这独树一帜的清新和自然，让来者都刮目相看。

光绪年间，江苏巡抚沈秉成客居吴中，买下了这座废弃已久的园林，请到当时的名画家顾芸设计营筑，然后成就了今日的耦园。沈秉成出生官宦世家，起先在北京做翰林，后来平步青云一直做到四川按察使，人到中年时，生活和仕途都接连受创，先是父亲、妻子和两个儿子先后病故，后来因为屡次进谏不受重视让他开始厌倦了官场，也看淡了人生。

这时，他突然想起旧时在京城做官的时候结识的老友同僚严淄生，记起严家墙上的那幅画，那个人。过去在严家中走动的时候就留意到那副挂在墙上的花鸟画轴，画得好，题词也漂亮，打听才知道，那是严淄生住在贵州的姊妹闲时所作，当下就不由得心生爱慕。而此刻，沈秉成想到自己，男未有妻，女未嫁，何不向严家求婚？一幅画成就了一段佳缘，可谓千里姻缘一线牵。

两人虽然年纪相差 15 岁，可是却并不妨碍伉俪情深。严永华也的确称得上是才女，能吟诗作赋，还善画花鸟鱼虫，琴棋书画无一不精。这使人不由得想起欧阳修《望江南》中那句“恁时相见已留心。何况到如今。”

后来夫妻二人居家搬迁到苏州，花三千两银子买下了当时几乎废弃的涉园，这不过是一个三面环水的园子，只有一条小路与外界相通，正门原来对着三丈高的城墙，如同两人决意归隐之心，远离于尘世之外，和白云绿树共悠悠。

从耦园正门进入，不过是地道的江南小园，曲径通幽，阳光落下稀稀疏疏的影子，时光并没有改变什么，这里依然透露着甜蜜的情意和不肯散去的静谧。园里很静，连柳叶落到池中的声音也听得真切，一条长廊将一切烦乱嘈杂关在门外，也将世间的纷争排除在心门之外，这个世界只属于他们，纤尘不染，清柔又温馨。

继续向前就是“吾爱亭”，曾经在每日黄昏，沈妻严永华都会坐在亭中，素衣佳人，面对着这片曲桥流水，用纤纤玉指拨动丝竹，铮铮琴音涤荡在山林柔波之间，那份爱的涟漪在心中摇晃出波澜。琴声、流水声，更有来自对方的爱，它们相互交织，绻缱纠缠，再也化不开。看那一池绿水，想起百年前那份淡如菊，醇如酒的爱情。

不惜歌者苦，但伤知音稀。可是沈夫人无疑是幸福的，有心爱的人倾听她的心音。“吾爱亭”，吾爱的是这泠泠山水有清音，吾爱的是弦动时你一颦一笑千金重。天地间，有一知己弥足珍贵。

在东花园城曲草堂楼上，两人一同在如豆的灯下研读诗词，推敲出绝妙好文，他们相敬如宾，举案齐眉。下雪的夜里，偌大的园中空寂无声，那淡淡的月色映照在白雪之上，越发的莹润轻柔，也分不清到底是池水妩媚了月色，还是月色妖娆了池水。

还砚斋里，妻子正为夫君研墨侍读，她捧着一盏刚沏好的碧螺春站在身旁，不敢惊扰，只是静静站着。捧着诗卷的丈夫抬起头来，望着妻子的脸微笑，他说，他最喜欢她眼角的那颗小小的痣，浅浅淡淡的，微笑的时候，又隐藏在那片笑靥之中。妻子低头不语，桃红的脸庞不胜娇羞。

可惜好景不长，短暂的婚姻生活后，沈秉成不得不再次遁入仕途。圣意不可违，当时京城正逢水旱灾害，由不得他多想，只好再次启程，只身去了京城做京兆尹，临别时仍放不下妻子。妻子一人独守耦园，再也没有两人同耦相归的画面。丈夫这一去就是几年，妻子在家中独自抚养儿子，默默支持，无怨无悔。她给孩子们取名松和柏，也希望孩子们像松柏一样挺拔坚韧。

当沈秉成 68 岁再回来藕园的时候，妻子已经过世 4 年，丧妻之痛再次把他逼向深渊，园子可以整修，花木可以重栽，可是那逝去的爱却再也无法回来。当他在吾爱亭一步一步来回走动时，忆起爱妻当年弹奏的曲调，可是只有流水孤单作响，而那琴音，再也无法重弹。不久后，沈秉成也在深切的思念与落寞中离世。

现在沈秉成和严永华夫妻二人的诗集《鲽砚庐诗钞》和《鲽砚庐联吟集》被摆放在园中销售，为了一些逝去的纪念。当时光流转，当红日褪去，一切流光溢彩的场景都隐退变幻，我们不是归人，只是过客。

平江路·文艺的睫

平江路，是双眼下密密的睫毛，像是张开翅膀的蝴蝶，在眼帘上投下浓重的阴影。平江路就是这样，他复古又新潮，可以是穿清逸长衫的男子，踱着方步向城门外走去；也可以是卷曲头发的艺术男生，黑框的眼镜下一双迷离的眼睛正盯着远处的水乡摇船，将那些白的墙、蓝的瓦、白的水、蓝衣的船娘一笔一笔留在画布上。浓浓的复古气息向你传达着几千年不曾逝去的婉约气质，又散发出淡淡的慵懒气息，这是属于这里特有的文艺的气质。让气味相投的人，吮着鼻翼，寻觅而来。

在一个叫猫的天空之城的地方，昂贵的手工奶茶香气四溢，捧一杯在手心，望着花格子的木窗外发呆，想想“阳光很活泼”这个句子，并没有错。这个店名，让我想起日本的漫画大师宫崎骏来，同样一个喜欢用慵懒的小猫做冒险剧主角的老人家；而《天空之城》，久石让的曲调下除了摄人心魄的宁静外又有一丝触不到的哀伤。

店里有满满一墙的明信片，从插画到摄影，再到手绘到白描，无一不足，也都不重样。那是独一无二的宣言，他家的明信片因为跟本地报社记者合作拍摄而成，有着一种特别的真实，小桥流水人家，昆曲戏文人物，还有那些令青春开始苍老的触目。它们不华丽，却折射出一些人文关怀，也许石板桥下品茶逗金丝雀的老先生让你想起自己的爷爷，深深巷子口里那个仰头看斜阳的小男孩完全是自己小时候的样子吧，渴望长大，渴望未来。可是，真的长大之后，又会觉得生命的梦想从成人后开始逐渐溃烂，犹如撒旦手中的苹果，不过是一颗苹果吧！这里有不一样的苏州，这里有最真实的自己。

或者，你想要对未来的自己说些什么，那么在这里写寄给未来的信。店主人说，这里存了很多人寄给未来的信，它们被按照日期分门别类放到指定的木格中，等到指定的时间，工作人员就会寄出。再偷偷的告诉你一句——明信片中最多的内容关于爱情……不过，我始终固执地认为甜美的誓言却总是抵不过苍白的时间，把一切都冲淡的时间，会让所有甘醇如美酒，或者是平淡如青烟的东西，最后都消失不见。

店里也有书，不多却还算精致，最多的好像是关于文学旅行跟设计。坐到书架旁边的座位上，在黄绿色的草木绘灯罩下看看书，看温暖的黄光印在纸页上，时光也就慢下来。

在这里，我遇到了一帮投缘的朋友，而其中又有一个特别有意思的人。他是一个工作狂，而且忙得风生水起，先后帮助几个公司成功上市；他也是一个旅行狂，短短几年时间里，欧洲古老小镇城堡，撒哈拉沙漠的不毛之地，或者是南美丛林，乃至南极洲的冰川都留下过他的足迹。和他交谈，总能听到很多有趣的经历和故事。

而在这个长长的午后，他告诉我一个关于平江路悬桥巷 29 号的故事。清末的大状元鸿钧在返乡的路上结识了唱曲儿的秦淮名妓赛金花，将其带回了平江路老家，并纳为第三房姨太太。后来鸿钧带着赛金花出使列国，赛金花已经能说一口流利的外语，在上流社交圈里如鱼得水。1890 年他们返回苏州平江路时，住进了悬桥巷 29 号，还带回来一架钢琴，可惜好景不长，仅仅两个月之后，鸿钧因为政治上被俄国人构陷，郁郁寡欢，病逝了，留下年轻美貌的赛金花。赛金花怀着无限感怀离开了平江路，去到上海，终于开始了属于她自己真正的交际花生涯。

说完这个故事，我还入戏太深，可是他却早已习惯轻松地变换角色，捧起一杯咖啡，尝一口，然后抬起手腕看表，现在是下午三点，他必须去工作了。然后，跟我们一一抱歉地微笑，风风火火地离开了，一直让我还没能缓过神来。

故事我不置评，可是却对他这样一个人太感兴趣，很想知道这样一个人怎么能在如此沉重窒息的工作中留出空间给自己，难道这就传说中的“效率狂”吗？不由得心生羡慕嫉妒，他们不是魔术师，可是却能够这样精彩华丽地生活。其实，我也知道，他也不过是个时间的调酒师，只是善于把有限的时间调配出醇厚的味道罢了。也许，我一辈子也无法成为这样的人吧。我永远会有在要迟到的马路上狂奔的尴尬，在任务前抓耳挠腮熬夜直到两眼通红，面对心爱的人言不由衷。也许大多数时候，我们都一样，然后为自己辩白说：“因为我只是一个凡人呀！”

山塘街·颦颦柳眉

这是一条水巷，窄窄的山塘河，穿过了3600米长的山塘街，也穿过了几千年的悠长岁月。

山塘街，我可以想象它是一湾青黛的娥眉吗？恰到好处地点缀在苏州城的脸庞上，清雅脱俗。她会说话，让或娇嗔或忧愁的神态有了动人的妩媚。

一样的是水乡，不一样的却是情怀。乘着摇摆不定的画舫，看水中碧波荡漾，看周身青砖黛瓦的水乡人家，就像梦里一样。那些回忆，如同山塘的水，把我拥抱在温柔的臂弯里。

古诗中说："君到姑苏见，人家尽枕河。古宫闲地少，水巷小桥多。夜市买菱藕，春船载绮罗。遥知明月夜，相思在渔歌。"而现在，并没有卖香菱白藕，但是却满溢着甜甜的香味。河面上那些装载着茉莉花、白兰以及其他货物的船只穿梭往来，那是虎丘的花农们将一船又一船的鲜花和浓郁的香气送向远方。花农的花事依然生生不息，而虎丘却因为另一件营生声名大噪，虎丘的婚纱一条街吸引了来自全国各地的新娘子，她们慕名而来，喜爱这里的华美样式，喜爱这里的物美价廉。

其实，晚唐时的山塘街已然商贾云集，各色的居货如山石般堆积在街道两旁，列肆招牌在风中飘扬，灿若云锦的喧嚣繁华市井谱写了一曲曲钟鸣鼎食的赞歌。提到山塘街，曹雪芹的《石头记》不得不提，开篇的时候，曹雪芹就提到："这东南一隅有处曰姑苏，城中阊门，最是红尘中一二等富贵风流之地。"写的是十里街，而山塘就号称"七里街"。

我们从阊门渡僧桥开始，乘船坐看风云起，晚霞落如何？遥想当年，林黛玉正是从这水路，从姑苏老家一路投奔到贾府的，

不过，不知道她看到这街道两旁的繁华时，是不是能暂别悲悯，投身到这繁花世界去呢？哪怕一次，都不曾有过吗？苦涩的眼泪与山塘的水作伴，怎么想也有些让人难以释怀。不过，黛玉的方向，跟我们现在所行的，应该是相反的方向吧！

看那沿河畔的烟柳飘飘渺渺，想起黛玉那两湾似蹙非蹙的罥烟眉，轻柔，却又写满惆怅与缱绻。黛玉葬花的时候，一定也时常蹙着眉，唱到那句：“天尽头，何处有香丘？……侬今葬花人笑痴，他年葬侬知是谁？”不知那满是惆怅的脸庞是否滚下泪来？但我的心中，却早已泪如雨下。感怀身世的人，寄人篱下的人，漂泊不知何去何从的人，总能从别人身上，找到那么一些相似之处，然后开始想到自己，然后开始一味地伤怀，不知怎么跳出那样的圈子。可是看那烟柳，依然很平静，一千多年过去了，多少人在这里拥有过平凡而幸福的生活，而你我，不过是山塘的过客而已，好好生活，比什么都重要。

船行继续向西，从半塘桥开始，河面渐渐开阔，河边绿树成荫，村舍野艇疏疏落落，有了不同于以往的色彩，落幕的繁华和渐次的野趣就在这段水域中次第展开。这里上岸去，有很多古迹可寻，比如五人墓。也许你对《五人墓碑记》这篇文字还有记忆，这篇曾入选高中课本的古文为我们讲述了那一年的故事，勾起了眼前的悲戚。

五人墓祭奠的是明代的志士颜佩韦、杨念如、沈扬、马杰、周文元五位。明代天启年间阉党篡夺朝政，为首的魏忠贤更是飞扬跋扈，宦官盘剥压迫苏州民众，而如颜佩韦这样的普通百姓甘愿冒大不韪的罪名拼死反抗。只不过手无寸铁的百姓终究没有抵过长矛在手的兵将，颜佩韦等五人为了保护群众，挺身而出与东厂特务辩论扭打，后又自认乱党之罪，最终锒铛入狱，慷慨就义。

也许比起岳飞、于谦这等英雄，他们显得微不足道，但可贵的是，普通的百姓尚且这样英勇无畏，完全无愧于君子或是侠士这样的称号。正是敬重五人不畏强权勇于牺牲的精神，在魏忠贤失势的一夜之间，苏州的百姓把他的生祠拆得粉碎，而在这里建起了一座五人墓。眼前条石加固的墓冢已经很难分清谁是谁，可是我们仍然记得他们，那些执着的灵魂，在苍郁的松柏之下，依然顽强，依然鼓舞着一辈又一辈的斗士为平等自由而奋斗。

肃穆的黑漆大门外，小桥流水潺潺地流，恍若隔世。那些在河道边摇着蒲扇的老人，那些浆洗衣服的媳妇们，还有长廊下精细竹篾笼里的金丝雀，都依然唱和着属于这个世纪的宁静。斯人已逝，生活仍将继续，但是那些回荡在心间的敬仰和精神都将长存不息。

虎丘·温柔鼻脊

在苏州，在虎丘，一座七层的虎丘塔拔地而起，让我想起苏州这张脸庞上挺拔的鼻梁。它小巧而精致，如凝脂，却很挺拔，有一种温柔的倔强。

从山塘一路行船到虎丘，我们在这里下船，看看虎丘，看看这座虎丘塔。虎丘塔是苏州城曾经的标志，也算得上最能够代表苏州的风物之一。

早在公元961年宋朝的时候，一座平面八角砖塔落成，人们叫它云岩寺塔，现在大家更习惯叫它虎丘塔。你知道虎丘的另一个名字吗？有人说它是“东方的比萨斜塔”。因为地基的原因，塔身已经开始往西北方向倾斜，目前斜度是2° 40′，在塔中，走起来完全不会有失衡或是歪斜的感觉，可是如果拿一个矿泉水瓶或是别的圆柱物体放在木质的地面上，那么一定能够很清楚地发现它们会咕噜咕噜地往下滚。

虎丘塔其实还有更多的秘密，据说在1956年重修塔身的时候，居然在第三层的夹层里发现了石函、经箱、铜佛和铜镜，还有大量的越窑青瓷莲花碗，都是无价的珍宝。历尽千年风雨的虎丘塔依然屹立不倒，古树森森掩盖的是那些凝聚在时光里的沉默。

然后，我们去到千人石。千人石，你一定听过它的故事，那是一个渗着鲜血的恐怖故事。吴王阖闾为自己修建墓冢，调遣了十万工匠，他以水银做池，金玉为凫雁，埋藏着扁诸之剑三千。但是吴王阖闾又怕工匠们泄露了墓穴里的机关和秘密，于是想到一个残忍的办法，他命令把成千上万的能工巧匠都杀死在千人石上，因为他始终相信一句话“只有死人才不会说话”。这样一句简单的话，却换来了万千的杀戮。

于是，以后每到下雨天，千人石都会幽幽地渗出淡淡的血色，据说那是那些被活活杀死的工匠们从地底渗出的鲜血，带着无尽的幽怨和仇恨。故事的真假我无从得知，但是千人石能够渗出淡红色的水却是真的。

你相信那些地下之血吗？其实不过是为了威慑前来盗墓侵犯皇权的人所设的幌子吧？研究人员给了我们更科学的解释，那是因为千人石下有一层流纹岩，岩层含有丰富的铁元素，因为晴日曝晒，雨天风石破碎，于是铁元素跟空气中的氧元素发生反应，形成了氧化铁，它们开始游离于岩层之外，最终在狂风暴雨的冲击下被雨水冲刷出来，那些雨水便变成了淡淡的红色。它们不是血的眼泪，可是依然带着某种不为人所周知的神秘与苦涩。而千人石，真的像是列席盘坐在地上听讲的一千人。

从千人石上往北望，可以看见“虎丘剑池”四个字，笔法遒劲有力，都说是唐代大书法家颜真卿的真迹。不过这其中又只有两个字是颜真卿所写，你知道是哪两个吗？借用苏州的一句俗语，叫做“假虎丘，真剑池”。怎么样？猜到了吗？其实因为“虎丘”两个字经过风霜剥蚀，模糊不清之后，苏州刻石名家照原来的样子重新篆刻下来，所以“虎丘”是假，而只有“剑池”两个字是颜当年的真迹。

但又有人说“假虎丘，真剑池”其实是另有所指，说的正是吴王阖闾墓葬的秘密。剑池之所以叫剑池，是因为一处窄长的水池立在悬崖之下，还因为传说鱼肠剑和其他的三千柄宝剑都埋藏在这水底之下，为吴王殉葬。但不知是剑气太寒还是暗池太寒，这里幽静的绿水总让人有些不寒而栗的滋味。

三千年前的历史，成为一个千古之谜也很好。欲盖弥彰，欲说还休的美总是强过赤裸裸的剥离，不论是开启秘密后平淡无奇还是收获巨大，都不过是一阵烟雨，但秘密却是永恒的，它会引领一代又一代人用猎奇的心，敬仰的心，去朝圣这样一个地方。

但是 1955 年整修虎丘疏浚剑池时，刷洗苔藓之后露出的两方石刻披露了一些蛛丝马迹，石碑上记录了唐伯虎以及昆山等地的县令在明正德七年的时候在池底发现了吴王墓门的简单情况。也许这层终极面纱也将被最后撩开，然后才能看清楚那面纱下掩盖的是怎样一张脸孔。

虎丘有很多动人的故事：憨憨泉，盲和尚手挖仙泉的灵趣；试剑石，吴王阖闾剑劈巨石的霸气；拥翠山庄，江南四大才子各题“龙虎豹熊”一字的风雅；真娘墓，青楼红颜守节殉身的哀婉；孙武练兵场，名将训练宫女卫队的严明，都让人想要一探究竟。

寒山寺·夜泊的耳廓

寒山寺寓居在姑苏城的西北角，像是一片小小的耳廓，乖巧地镶嵌在这张清秀面庞上。

走进寒山寺，来不及闪躲，却已经闯入了前朝诗人的梦境。唐代诗人张继在《枫桥夜泊》中说："月落乌啼霜满天，江枫渔火对愁眠。姑苏城外寒山寺，夜半钟声到客船。"古人的诗意不论是遣词造句，总是美得摄人心魄，让人无法不怀想。我，无法停止对夜泊寒山寺的憧憬，一定要在一个满是星辰的夜晚，在这里停下脚步，细细聆听。

寒山寺实在是很古旧，在南朝梁天监年间就建立起来了，后来屡次毁于火光之灾又再多次重建，现在保留的寒山寺只是清末时期重建的。寒山寺里供奉的是寒山、拾得两位"和合二仙"。这其中还有一个流传很广的故事，据说在唐太宗贞观年间有两名年轻人，一人叫寒山，一人叫拾得，他们自小就是一对非常要好的朋友。等到婚配的年纪，寒山的父母为寒山寻觅到一个可心的姑娘订了亲，然而姑娘其实早与拾得互生情愫，寒山心灰意冷之后决定成全朋友，于是毅然离开家乡，只身去了苏州出家修行。

拾得知道这一切之后，自认为愧对于朋友也往苏州去寻寒山，决定皈依佛门。这时正是盛夏荷花盛开的日子，拾得在路边池塘里采摘了一支美丽的荷花带在身边，历经千山万水的艰苦跋涉后荷花依然娇艳芬芳。终于，拾得与寒山在姑苏城外重逢，而此时寒山正手捧篦盒，两人相视一笑。

现在的寒山寺，大雄宝殿背后正中墙上，你仍然可以看到一方碑石上有“和合二仙”的石刻画，由清代扬州八怪之一的罗聘所画。过去苏州老一辈的人家里，婚嫁用的人物图画挂轴还有春节时贴在大门上的门神，也是这二位神仙。知道一句禅语，据说是和合二仙的问答——问的是：“世间有谤我，欺我，辱我，笑我，轻我，贱我，恶我，骗我，如何处治乎？”答的是：“只是忍他，让他，由他，避他，敬他，不要理他，过十年后，你且看他！”

不过据说后来拾得远渡重洋去了日本，并在日本建立了拾得寺。未知真假，但寒山寺与日本的确算有点渊源的。这是关于历史与野心的一个沉重的故事，尽管，现在我们可以用一种轻松的姿态去戏谑这段掌故。

还记得《枫桥夜泊》里那遥远的钟声吗？唐代的夜半钟声无法飘荡过几个世纪，事实上连那口钟也荡然无存，于是到了明代嘉靖年间寺里又铸造了一口巨钟，但之后据说被运往日本了，当然后来也就不知所踪了。而我们现在看到的这口钟，是由日本人山田寒山发起募捐筹资，小林诚义等一批工匠铸造的，在 1905 年时赠送给了苏州寒山寺。这钟一式共铸了两口，一口在日本馆山寺，另一口就在寒山寺。寒山寺的这一口铜钟上有铭文，是当时的日本首相伊藤博文所写的，全部都是汉字。

这一年，也是日本的气焰最鼎盛的一年，它战胜了德国，夺取了满洲，又吞并了朝鲜。当日军攻占南京的消息传到苏州后，盘踞在这里的松井石根欣喜若狂，亲自率领了百名亲信护卫一路策马狂奔到了寒山寺，在《枫桥夜泊》的石碑前合影，那是一颗极度膨胀的野心，它焦躁狂热，好像炙手可热的功名利禄就在眼前。所幸的是，寒山寺免于战火，这里的人民誓死保卫了家园。

咱们去看枫桥吧。寺院的前面不远，有一条不甚宽阔的河，河水泛着腻腻的绿色。河水上横跨着两座桥，一座叫江桥，另一座叫枫桥。自此得知那诗中“江枫渔火对愁眠”的江枫好像并非如同我心中所想的层林尽染的火红枫叶，而是指江桥和枫桥两两相望。心中哑然，一时语塞，是呀，有时候总不能想象得太好，也就不至于摔得太重。

夜深了，我依然没有走，我在等待那半夜的钟声。我的心是忐忑的，真怕那半夜的钟声也乱了悠扬的韵律。走在寒山寺路上，也许我们的每一步都会和这些古人曾经的脚印重合，在江南的微风细雨中，侧耳倾听他们的戎马倥偬与悲欢离合。

甪直古镇·唇齿评弹

甪直古镇像是一瓣樱桃小嘴，娇柔如同迎着晨露的玫瑰花瓣，一点儿也不矫揉造作。你瞧她嘟着小嘴，如同一朵水莲花不胜娇羞；可是轻启唇齿，那一首江南小调就娓娓道来，暖绵绵的吴侬软语钻进耳朵里，痒痒的，却又极舒服。不同于山塘，甪直更加朴实而幽静，像是门前流水一般从容，或是丝竹之音那样缠绵。素面朝天的甪直，让我记起你最初的模样。

还记得叶圣陶先生的中篇《多收了三五斗》吗？那里曾说起万盛米行是如何盛极一时："横七竖八停泊的乡村里出来的敞口船，船里装载的是新米，把船身压得很低……万盛米行就在街道的那一边。朝晨的太阳光从破了的明瓦天棚斜射下来，光柱子落在柜台外面晃动着的几顶旧毡帽上。"

如今，甪直依然有万盛米行，只是改成了江南农耕工具展。木制柜台、老式算盘、大小簸箕，还有不同尺码的木斗、长杆秤，一个不少，它们都在静静诉说着当年米行的繁盛，不过那个曾经常常冷笑地"嗤"出一声的掌柜早就不见了踪影。河口也没有了敞口船和一袋袋的新米，倒是多了几条侯客的画舫，还有叶圣陶纪念馆。

选一个下午，躲到沈宅里，听评弹，然后你一定会爱上这如泣如诉的吴侬软语。西汇的沈宅原来是镇上最老的宅子之一，是同盟会会员沈柏寒的房子，精致的浮雕还在老屋的每个角落里流云婉转。大厅前后一长排海棠形窗棂的落地长窗关闭时，整排窗的立面竟酷似一幅巨大空透的雕版画，几百年荣耀和辉煌的延续，就这样凝固在老屋的历史里了。

踱步到书场里，搬一张精致的红木官帽椅，找个临河的位子坐下，只听得窗外水声不绝，书舍内，评弹散出风情万种的吴侬软语，天犹寒，水犹寒，梦中丝竹轻唱。端一盏碧螺春，点一折《钗头凤》，茶香曲软，真个梦里不知身是客，一晌贪欢。

我喜欢这里女孩子的打扮，梳髻头、包头巾，穿拼接衫、束裾裙、绣花鞋。而角直的水依然是这样静静地流淌，想起电视剧里那个学戏的女孩子，同样一水含着露的眼睛闪着泪光点点，尖尖的下巴，薄薄的嘴唇，嘴角的一对酒窝笑起来时一定很好看。人人都夸她模样俊，只是看着福缘太浅。她很小的时候就因为家里太穷，被卖到戏楼给戏楼的先生做学徒，任人打骂，倍受人生冷暖。

后来，女孩子从浆洗衣服的阿婆那里零星听到一些关于她母亲的故事。据说她母亲因为爱上了在家中寄宿的日军将士而偷尝禁果怀上了她，战火连绵，将士也将启程，临行时信誓旦旦地说一定会回来迎娶她，可是直到孩子出生，他也再没有回来。之后，这个女人就一直在恐惧和期盼中惊慌失措，终于疯掉了。而那个

孩子，因为无法养活，就送给了戏楼。

她终于决定去找她妈妈，把平时苦苦攒下来的一些零钱和一两套还算好的衣裳装到背囊里，在一个夜里偷跑了出去。故事到这里戛然而止，没人知道，那样的乱世，她要如何生存?

角直镇还有一座保圣寺，建于南朝梁天监二年。你一定要去看看寺里尚存的那九尊泥塑罗汉，每一尊都形清神真，栩栩如生，它们出自唐代塑圣杨惠之的手笔，也是首批国家级保护文物。俗语说的“天下罗汉两堂半”，其中的“半堂”就是指的这里，可惜现存罗汉有好几尊没有了眼睛，看上去有些诡异，面貌也变得模糊不清，据说本来是发光的宝石，后来被日本人盗走。惨淡的历史，和无法忘怀的屈辱，所以才要记得，记得所有的不快，才能让自己更加坚强。

入夜来，一个人坐在临水的廊棚里边，倚在吴王靠上，这里的人们过着的最简单平淡的生活，却满足了我们对江南最诗意的想念。

后记

坐在手摇船上看周身白墙黛瓦的姑苏老屋不断后退，心中什么都不想要，只想要这一刻，没有什么可以打破的宁静，属于你我心里的那份沉淀，像一片羽毛，纷纷飘落，随着平江河、山塘水，不停地下落，直到水底的最深处，融入到泥淖之中，然后消失不见。

喧嚣过后的姑苏城又复归宁静，河埠头上的拴船石依然有着好看的花纹和几个世纪也不曾改变的位置，水中的月亮是一个大大的银盘，水波不断碾碎又不断拼凑成的那个圆，像是迷离的眼睛。笛声寒，窗影残，烟波桨声里，何处是江南？偶尔有鱼儿浮到水面，让我知道，原来，一切都是真实的。

如果海会说话，如果风恋上沙，我们还可以把那些想念埋藏在在某个海滩的深处。风吹过头发，水漫过脚踝，我要在白色沙滩上留下我的脚印，那是一串串关于爱的印记。海很蓝，星光灿烂，在没有人的沙滩上独自歌唱，任心中的旋律与之合奏。

夏天去了有再来的时候，然后，在回首时，终于懂得，满溢着回忆的甜，总会在心中，一次一次来给我最温暖的感动。

清新

Chapter. 9

厦门

厦门大学

在这里，你可以在街边的小店随手买上一份手绘地图，或者和我一起，漫步厦大校园吧！

如果你凑巧是在五六月来到这里，那么此时正是毕业生离校的毕业季，校园里的凤凰花开始绽放，满满的红艳艳的花朵爬满整个树梢，将离别的心绪一点一点渲染开来。

记得那年的我们青春年少，情投意合，可是转眼又要分离。歌里唱道：“又到凤凰花开放的时候，想起某个好久不见老朋友，记忆跟着感觉慢慢变鲜活，染红的山坡到别的路口。”不知有了新的人生方向的你，将要何去何从？我们终将分开行走，因为没有哪个港口，是永远的停留。

校毕业晚会上，反复播放，MP3 里，单曲循环。一点一点的碎片，拼凑不出完整的记忆，可是，可是还有那些美好的事情，永远留在心底。当年手挽着手的是你的最佳好友还是最佳损友呢？但你们一定在情人谷里看过日落，在芙蓉湖前望着远处的青白色建筑在水里虚虚实实的倒影发过呆……

还有，厦大的学子们一起参加体育活动的上弦场，你知道吗？

听说那里曾经是水师们的练兵场，甲午战争的时候，就好几千名水师在这里作过上战场前的最后动员，将领慷慨陈词的演说和众水师振奋的声音一直在上弦场的上空回荡。很震撼吧？

来厦大，怎么能不去芙蓉餐厅尝尝这里的校园餐呢？餐厅提供的正餐甜点的花式都蛮丰富。不过恕我直言，爱的人会很爱，而不爱的人依然提不起兴趣，因为这里的饮食有一个很明显的特点，清淡而味甜。但那些土笋冻、面线、海蛎煎、还有白灼虾，会是你的最爱吗。

芙蓉餐厅出门左拐就是著名的涂鸦芙蓉隧道了。足够长的一路，满墙的画，不管是 Q 版的小人儿还是比毕加索更抽象难懂的涂鸦，都很特别，它们是勇敢者的游戏。我依然喜欢这里，校园里依然有许多椰子树，不疏不密地栽成整齐的一列，还有特别的果树，比如学名叫做“洋蒲桃”的莲雾，红红的果实缀在绿色的树叶中好可爱。

南门外的白城沙滩就是厦大传说中的“校园海滩”，虽然是不大的一片却极有味道。白城海滩曾为这里的学生留下过很多浪漫而美好的回忆，而此刻，似乎有值得期待的故事即将上演。看那边，灰色的乌云像一层厚厚的棉絮，把天空压得很低，一场暴风雨即将来临。小小的螃蟹横着大钳子，飞快地在白色的海滩上穿梭，然后钻进了一只可乐瓶底下，大概是觉得不够安全吧，很快又再次舞动着小腿，跑到了一块大岩石底下，时不时露出两只奇怪的眼睛往外张望。

此刻，不妨欣赏一下墨色磅礴的厦门。也许你会碰到雨，像是打翻在地的一筐豆子，没完没了地落下来，然后融入细细的沙中，不露痕迹。带伞了吗？撑起来，我们走到那边去避一下雨，我想这是阵雨，应该很快就会停了。

海边，好像有有趣的事情发生。那边，一个女孩嘶哑着喉咙，

大声喊着什么，可是喧哗的潮汐声，一浪高过一浪的海浪拍打着海岸线的声音，将她的声音湮没。我想这是告白吧，可是实在为她担心，这样的倾盆大雨，这样的涛声，被告白的人能够知道吗？

暴雨仿佛要跟谁怄气，越下越大，狠狠地砸下来。而对面的男孩，虽然好像完全没有听清，可是却读懂了什么，女孩额前散落的头发不知是被泪水还是雨水打湿，黏在耳际，双眼早已模糊不清。男孩走上前去，也许，此刻，拥抱是最好的回答。

也许，那男孩从很早就已经注意到女孩的存在了吧？是从那次校园的偶遇开始的吗？还是从球场看台上那个渺小又渺小的身影开始？又或者是从那次校园话剧演出开始。没人知道，也许他自己也不清楚。

有时候爱需要一年，十年，乃至一辈子，而有时候，只需要一秒，爱就爱了，没有什么道理可言。也许在前一刻还毫不知悉的对方，甚至不知名或姓，可是下一刻，相守在茫茫人海中，在彼此的心中找到了依靠。

身为局外人的我们，只需要微笑、祝福就很好了吧！不论结局如何，但只要努力过，就不会遗憾，这就是青春么？即便一辈子也得不到答案的东西，我们还要苦苦追索，这又会是人生吧！

但总之，我期待一个温馨可爱的结局。

雨停了，我们走吧！

胡里山炮台·望

雨过天晴的厦门，依然带着一抹清新的色彩，海的湛蓝，沙的米白，而沿海的环岛路的淡黄，像是一只斑斓的蝴蝶抖动着翅膀，带着梦想飞向远方。

我们沿着环岛路的木栈道往前走走，然后你可以很轻松地看到它——胡里山炮台。它不过是建在海岸线南岬角上一个普通的炮台，却凝聚了太多人，太多情感，太多故事。浅浅的海峡，是一枚邮票吗？还是一张窄窄的船票？在时光的隧道中，为人们留下深深的印记。

我们进去胡里山炮台看看吧！进入大门，是一棵高大的榕树，我们可以看到前面有两个大门，分别是“奋武”和“震威”。进入“奋武”门，你会看到整个炮台的布局示意图，这里由两部分组成——荣光宝藏馆和古炮台。我们可以先去炮台，炮台旁边有一扇门，之后可以从这里进入荣光宝藏馆。

我们聊聊厦门炮台的故事吧？正如你所见，厦门的海防位置太重要了，所以这里炮台林立。鸦片战争期间这里从黄厝到鸟空园沿海一线，就建造了白石、胡里山、磐石等九座海岸炮台，大炮的威力曾让来袭的英军闻风丧胆。可惜好景不长，这些大炮只能直射的致命弱点被发现。英军绕道在白石炮台附近登陆，他们从背后射击，打了清军个措手不及，清军最后全军覆没，厦门从此陷落。而那些曾经威严伫立的大炮或被抢被烧，再不然就被推到海里，所以据说至今在这一带还能打捞到好多当年的大炮。

好了，我们差不多到炮台了。胡里山炮台历史很悠久，它建成于 1896 年（清光绪二十二年），当时就很有预见性地结合了西欧各国特别是德国建造炮台的经验和长处，将炮台建成了半地堡式、半城垣式的大型炮座，就是你现在看到的这个样子。

有没有觉得脚下的基台质感很特别呢？其实它采用了闽南民间的“三合土”，用石灰、沙土拌上乌樟树汁、糯米浆、红糖等材料凝结而成，因为黏性极好，又坚固无比，所以很好地保证了对敌时的安全，敌方的炮弹即使飞来也不会崩起土块伤到人。

而你眼前的这门大炮也是同年被放在炮台的，由德国克虏伯兵工厂制造，能够 360° 旋转，有效射程 16000 米，堪称是当时最先进的武器之一，当然，价值更是不菲，高达 8 万两白银。克虏伯大炮当年共两门，东西各一门，不过现在我们只能看到东炮了，西炮在 1958 年“大炼钢运动”中被一家工厂以每斤 8 分的价格收购后融入了滚烫熔炉中，也融入了一片激进昂扬的灵魂中，再也找不到一点痕迹。现在只剩东炮孤单地矗立在东方，孤单地守望西炮所不曾看到的幸福未来……

西炮的位置又曾有过一次焕发，还是 1958 年，炮轰金门的紧张时期，这座曾经抗击外夷侵略的西炮被委以对台广播站的重任。不过，说是广播，其实是将 9 个小喇叭困在一起的扩音器，相互进行着攻心的伎俩。如今，广播站早已消失不见，取而代之的是一幅展览图，只是不知图板上方放置的喇叭还是不是当年的那些？

西炮台有了新的名字——“望归台”，极目远眺，是一望无垠的碧蓝海水，水与天连成一线，而你还可以看到4000多米以外的大担岛、二担岛这两个小小的黑点，此刻远远地遥望，那是遥远而切近的美好。大担岛上书写的“三民主义，统一中国”几个大字让来往的游子激动满怀，唏嘘不已，好像有千言万语要诉说，可是心头一热，却又如鲠在喉，再也说不出一个字。

当阳光离开的时候，这里经历了百年的硝烟战火，一次一次，却让这里的人们在风雨的洗礼中变得更勇敢、坚强；当阳光再次到来的时候，风云过后的美丽彩虹挂在天边，而胡里山炮台也被镀上了一层温暖的橙色。

我们可以回荣光宝藏馆看看，这里曾经是胡里山炮台的兵营，而现在则是新加坡华侨张荣光先生的私藏珍品展览，这些奇珍异宝来自张家历经七代近200年的珍藏。海外的游子，总有一颗落叶归根的心，所以这批珍宝最终由张荣光先生全部无偿地捐出，永久地存放在他的出生地———中国厦门。

我特别想给你介绍一件藏品。在奇石二馆中，有一块“三层肉”条石，它挂在铁钩上，猪皮、肥肉、瘦肉、软骨刻画得惟妙惟肖，与一块真正的猪肉不差分厘，让人啧啧称赞。或许，你会记起，台北博物馆里也有那么一块东坡肉般的“肉形石”，大小不过这块的1/5，却有异曲同工之妙。不知这算是怎样的巧合或是契机，却总觉得冥冥之中有定数，那些无法改变的事实，就像是命运的旋转之轮终有一天要回到原点。

中山路·记忆

中山路是很多厦门人每周至少去一次的地方，这里汇集了各种元素，富丽堂皇的名品店，鲜艳多姿的服装百货，路边小巷的美味小吃，又或者是音乐节的现场表演，每一样都展现出巨大的吸引力，把人们都聚集在这里。

在中山路，如果从轮渡口往东走，你首先会看到一家黄则和花生汤店，这里的花生汤和韭菜盒子是厦门人喜爱的小食，也许是生活的一部分，虽然甜到腻，可厦门人就是爱得不行。爷爷在这里喝过花生汤，爸爸在这里喝过豆奶，而孩子则喜欢这里的馅饼。没有人深究为什么喜欢这里，却一辈子离不开这味道，我想这也就是老店的魅力吧，从第一次到每一次的习惯，最后到无法割舍，是味道，更是情感。

如果还想尝一点更加特别的，你可以钻进左边的镇邦路，右转就可以找到民立小学。不知你有没有听说过，往往最地道的小吃就隐藏在那些旮旯拐角里，而学校旁边，一定是美味出没的地方。民立小学对面的“月华”沙茶面和肉粽真的味道很好，特别是沙茶面，据说是 80 岁的月华阿婆亲自配料，用猪大骨加上沙茶辣酱、花生酱等熬成浓浓的汤头，又鲜又辣，那辣绵长又温和，即便吃不了辣的人都会喜欢。

然后你可以沿着升平路往前走，走到大中路，大中路的“咸酸甜”很出名，有一位大婶每天下午五六点的时候就会推着一辆三轮车出来卖，一元钱一卷，不到七点就会全部卖光，生意很好。然后，我们回到中山路继续往前走，你可以看到马路对边的巴黎春天和建设银行，其实我是想告诉你从这旁边的台阶走上有一条小路，这里呢，在很久以前曾经是山路，是郑成功原来操练士兵的地方，因为常常在路上跑马疾驰，所以老百姓把这里叫做小走马路。不过现在如果有很多人聚集在这里，多半是因为有精彩的演出可以看，演出的地方呢，就是这个位置，瞧，你前面的那个舞台。

看到前面的大榕树了吗？我们可以走过去歇一歇。大榕树下是局口街，据说曾经是福建水师的火药局，不过现在可就热闹更多了，因为聚集了各种服装、饰品、杂货小店，所以被称为女人街，是潮流达人们的挚爱。如果逛街累了，可以到思明电影院里去看场电影，一袋爆米花，一支可乐，再一部好片，下午的时光一下子就打发了。如果想要看更情调些的老电影，那么一些沙龙跟咖啡馆可能更合适些。

每到放学，一些小孩子涌进新华书店，个头还没有书店的展台高，可是已经学会面对着如同巨型堡垒的书墙。大大的眼睛，小小的身躯，仰望着好高好高的书，眼睛里闪出光来，然后会不假思索地走到漫画区，从书架上挑出昨天还没看完的那本，然后找一处舒服的地方坐下，开始旁若无人地蹭读。速度快的每天可以消化掉两本，而等到书店打烊，或是晚饭时间，他们只好恋恋不舍地磨蹭着走出来，心里还会记挂着到底神勇战士是怎么把怪兽打倒的。而爸爸妈妈会觉得很放心，至少在书店里受到文化知识的熏陶肯定是件好事，哪管它是漫画还是什么呢?

新华书店街边的麻糍很好吃，记得是从走过来的方向数的第一家哦！虽然一直都没有搞清楚他家是不是就是鼓浪屿的叶氏麻糍，可是从书店里看完免费的书出来后买两个麻糍打打牙祭，成了孩子们每天的必修课。

附近还有一家华成琴行，是厦门的百年老店，黑白琴键的门额的确有了音乐的味道。每到下课后，这里就有爱音乐的少年偷溜进来，径直走到二楼。二楼是吉他部，各种各样的吉他被整齐地挂成两排，泛着古朴色调的木吉他和长着酷酷犄角的黑色电吉他，在白色的灯光下泛着幽幽的光泽。刚上初中的学生一定没有很多零用钱买吉他，也不敢告诉家里免得被斥责不务正业，只好在这里站着，一站就会很久，偶尔可以找老板来要求试音，可更多的时候只好远远地看。可是，也许这里，成就了很多人的音乐梦想，而这个梦想就会从一把普通的吉他开始!

鼓浪屿·猫

鼓浪屿上有好多好多的猫，它们很活跃，常常穿行在巷陌之间，慵懒又闲适，随处可见。它们又都很瘦小，而且总有一种自然的妖冶任性流露出来。而这里，是龙头路。

“我是这里的守护神，阿贵大人。”墙角上那只小白猫突然跳到我身边，跟我说出这句话，我大吃一惊。它瞅瞅我，然后扭头走在我前面，优雅的猫步不急不慢，看我愣在那里，它又对我说：“快跟上来吧！”

难道是《猫的报恩》里另一只男爵猫？我可不是爱丽丝，现在就是有一个奇怪的大树洞我也不相信钻进去就有抱着怀表的兔子法官，还有凶恶的黑桃皇后。

“等等我！”我三步两步地赶上它，好吧，我愿意相信你一次，你叫阿贵是吗？那么，阿贵，带我一起做一趟冒险的旅程吧！我也很想知道，从猫的视角里，看到的世界有什么不一样的地方。

阿贵依然保持着他绅士猫的冷峻以及 pock face 的脸，我承认，也许它是有那么一点贵族气质，几度让我迷离。穿过绿藤垂下的篱笆路，以及林立的各种招牌的咖啡店，阿贵钻进了一家店，店里面有一只白猫，像极了《侧耳倾听》里的那只会坐电车的猫，白绒绒胖乎乎的。阿贵说："Jack，我来了！"原来它的名字叫Jack。我正奇怪，怎么有这么像的两只猫。可是，这是哪里？

抬头看，这是一家叫babycat的饼屋，有很帅气的服务生过来问我需要些什么，我看看提示板，说："来一份饼好了。"他好像看出来我是第一次来，所以擅自做主帮我要了一份散装的绿茶饼，他说："绿茶味很清爽，是夏天的味道，很适合你。"我只好用微

笑作答。

Jack 真是一只有点娇纵又奇懒无比的小猫，多数时候蜷缩在自认为最舒服的桌子角落偷睡觉，只对拿出相机给它拍照的人有那么一点儿兴趣。看来，我们阿贵棋逢对手了！而这家店，我很喜欢它纯白色又加上一点湛湛的蓝色，明净的地中海风格。然后可以惬意地翻看一大本的留言本。上面有很多可爱的情话，还有搞怪的无厘头预言，一个一个的字跳出横隔线，像是一张张嘴用不同的语言、不同的音调向你吐露某个存在于他们心中的秘密。

我想，这应该不算是偷窥吧？

阿贵果然无法无天，索性跑到我的盘子旁边，用爪子一挑一挑，终于把其中的一块饼弄掉到地上，然后，Jack 和阿贵开始为了分享一块绿茶饼而扑腾打闹起来。就是这样幽静的午后，心里涌起满满的爱。

在我把杯子里最后一点咖啡喝完的时候，阿贵觉得有点百无聊赖后开始走出店门，我只好急忙把最后一个绿茶饼也塞到嘴里，跟在它后边开始继续猫眼的旅行。

然后不久，阿贵遇到了更多的猫，那是一个叫娜雅的小旅馆，他家旧旧的绿窗海景房很受欢迎。阿贵不理它们，而是伸出毛茸茸的爪子去抓那块白色的招牌，招牌上一只大猫笑得呲牙咧嘴，这是一个叫做张三疯的奶茶店。奶白色的墙面，小小的工作间窗口，进去不大，一细长溜的桌椅，可是这个奶茶店在鼓浪屿名气不小，因为他家的招牌奶茶会放燕麦和清甜的葡萄干，据说味道不错。

阿贵在店里绕了一圈，在桌子脚下钻来钻去，甚至气焰嚣张地喵喵直叫，好像是在找什么，估计是想找店主人养的那只叫张三疯的大猫吧！不过那只猫一直没露面，阿贵只好蹭出去了。我跟出去的时候忍不住回头张望，看到店里墙上贴的留言纸，厚厚的满满的一墙，那是难以触及的旧时光呐！

那边有一家马拉桑，是一个鲜榨果汁的小摊，阿贵好像和店老板很熟，表现出的乖巧样子让我吃惊不小，老板人很好，会给它一些牛奶喝。其实我很喜欢马拉桑，特别是看到把几个又大又圆的脐橙和芒果放在榨汁机里，看着鲜亮的水果瞬间化为一杯浓浓的果汁，实在是看着也觉得很美味了。

如果想要去蹭免费的肉松吃，就去龙头路 95 号的黄胜记金香肉松店吧，不起眼的一个小铺，可是生意特别好，而且买的人也很多。要知道店主可是很大方的，不买也没关系，盘里的肉松会一直热情地让你试吃的，只要不觉得不好意思的，大可以每天去试吃，也够把十几种口味吃个遍了。

这里是龙头路，招牌小吃冷饮店实在太多，看来也是阿贵最喜欢来的地方，其实不只阿贵，就是我也会流连忘返的。而这里真是猫的天堂，路上散漫的小猫随处可见，而且没有人赶它们，它们反而受到了很好的待遇。

内厝沃 · 游走

阿贵时走时停，我也只好放慢脚步，亦步亦趋。可是我左顾右盼的时候，还是一下不见了它的踪影，只好凭着心的感觉向前走了。

鼓浪屿的街道都很美，内厝澳就是其中一个很特别的地方，里面的路左一条，右一条，像迷宫一样。游客是不大来这里的，可是这里却是生活气息很浓郁的地方，你可以看到很多古旧的房子，荒置的别墅，当然，还有文艺气质的岛民。一条一条小路细细地走过，指尖摸过的墙面，眼睛透过的栅栏，总是会发现各种的美。

这里很多基督教堂都改建成了民房，所以你会看到尖尖的十字塔顶下有穿着 T 恤的孩子跑出来，风琴褶般的墙面旁边搭起的用来晾晒衣服的竹竿。如果你不留神，可能会被满架飘扬的衣衫裙角骗过，只有细细留意，才能发现这么美的建筑。这里还有更多充满闽南风情的红砖雕花矮房，燕尾式的屋顶像极了鼓浪屿一侧延绵起伏的海浪，屋檐的青石浮雕也栩栩如生。如果是再讲究一些的人家，还会配上浓烈的彩绘或是漆金，艳丽的色调成了蓝天白云下的独到风景。庭院深深的宅子，门环上的一层镀漆凹凸不平，几近剥蚀，但敲击一下，声音依旧清亮而绵长。红砖铺砌的天井里，一棵桂树，几盆月季。檐下的青石，几乎被岁月滴穿。

老宅对面，是朴素的民居。矮矮的木栅栏后是静静的庭院回廊，阁楼的木窗静静敞开，院子里的玫瑰花开得正好，那些冒出头来的绿油油的小草在风中摇曳。每一扇窗后可能都隐藏着一个家族起伏的故事，而每一道大门里都住满了儿时的回忆，时光就在此刻静止，永恒。

转角之后，也不知是拐到了哪条街，哪条巷。但是悠长的巷子里，在榕树叶的光影的摩挲之下，被涂上了好看的金橙色，可是那边灰暗的房子却依然阴森恐怖。整栋建筑都被藤蔓紧紧缠住，透不过气来，哥特式的大圆柱透着冷清的颜色，荒芜的花园好像很久都无人拾掇。走到雕花的铁艺大门前，见它锈迹斑斑，也不复当年的光鲜。轻手推一下门，居然没有锁，门开了。我不敢继续向前，想叫出阿贵来问问，可是这只古怪的小猫还是不见踪影。

难道会有新一幕的《圣诞惊魂夜》即将上演？那是一支悠长的曲子，它穿透岁月，历尽流沙，在我心中唱响，古老的法文发音像是从最鬼魅的地方飘荡出来，让我不寒而栗。也许只是我心中的黑暗面在隐隐作响吧！鼓起勇气，想要一探究竟，不论里面是否有可怕的幽灵飘出来，还是有行为诡异的白发女人。好吧，其实一切都是我的异想天开，我要去看，看了才知道答案。

穿过及踝的荒草，走到房屋的外边，破败的窗户还打开着，像是阴森森的张口的大口，拉开，跳进窗去。暗暗的光线从顶楼的天顶倾泻下来，一只巨大的水晶吊灯从天花板的位置一直延伸到旋转楼梯的底部。茶色装饰柜上，一只花朵般的留声机落满了灰尘。

我想这里一定曾经有过很多风光的时候，浪漫的绅士和多情的贵妇搂在一起，在一首首轻快的调子中飞速旋转着，划出漂亮的圆圈。一曲华尔兹过后，是热烈的酒会，将军们曾经在这里畅饮，杯盏交错的时候，夹杂着关于谍战和男女暧昧的交谈。一支支蜡烛的火焰跳跃着，为这样浓情时刻烘托着气氛，一盘盘烤得香酥油亮的烤鸡以及一碟顶级的鹅肝酱让人唇齿大动。

墙面上是一幅巨型的肖像油画，笔挺的拿破仑军装，立体的面庞，以及深邃的眼睛，这是一个很英俊的外国男子，我猜也一定是这房子的主人。这么好的园子，不知为什么荒废了。可是总觉得眼前这幅肖像上，这个男人的表情太诡异，不知背后隐藏着什么秘密。

突然，楼上有一点响动，一只绿眼睛从黑暗中闪现出来，我心里发毛，再也没有了想去楼上一探究竟的勇气，逃也似地从窗口跳了出来，还好外面阳光依旧灿烂，像是要完全救赎心中的黯淡。而阿贵，不知什么时候已经跳到那铁栅栏门上等我，依旧是傲慢无忌的表情，不知心里有没有暗自笑我狼狈得落荒而逃。

鼓浪屿还有很多老房子，漳州路上林语堂的故居，是拜会名人的地方。这里也曾经是林语堂夫人廖翠凤的家宅，记得当年林语堂和廖翠凤在廖家补办中式婚礼的时候，林语堂端着一碗龙眼茶，不仅喝完了茶，还把龙眼也吃得精光。其实龙眼只是讨个吉利，而且按风俗是不吃的。

还有永春路 14 号的圆形别墅，精致雕花的窗棱，柳叶窗的房间，树影婆娑下的楼台，这里还曾经是电影《云水谣》取景的地方，只是不知道这里是否也曾发生过秋水与碧云擦肩而过的未满情缘呢?

鼓浪屿上，这样的建筑太多。每一处都有一个故事，每一处都值得停留。所以，带上你的眼睛，踏遍这里的每一条街巷尾，找寻心灵的归属感吧!

花与爱丽诗·甜

这个岛上，这个夏天，充满着各式各样的甜味，路边的鸡蛋花开得正盛，白里透着鸡蛋黄的花瓣像是一只随时要迎风吹起的风车，要将甜香的气息撒播到小岛的每一个角落。

这里的女孩子也有着特别的甜美的笑容，弯弯的眼睛，白白的牙齿，还有健康的小麦色皮肤，越看越觉着惊艳。连五六岁的小姑娘，都知道掐几朵凤凰花，磨碎了把殷红的花汁涂在指甲上，就是好看的指甲油了。

而阿贵，和这里的人一样，都喜欢甜食，好多好多关于甜的秘密。这时的阿贵早不见了踪影，它总是这样，来无影去无踪，也不知道它还会不会回来找我，而现在，是我自己去逛逛的时候了。

这是一家小店，我喜欢它的名字——花与爱丽斯。或者你知道有一部几乎同名的日本电影《花与爱丽丝》，那是属于青春的美好情愫。

店里成排的 Kitty 小猫，每一个都只有指甲盖那么小，却表情衣着各异。还有窗前挂着的晴天娃娃，墙角摆放的绿色盆栽，当然，店里的手绘明信片让人心动。也许，在之后鼓浪屿的行走中，你会看到比这一份更好看的，事实上也的确如此，可是此刻心境，让我决定掏钱买下来。因为，在适当的时机做出决定，比一直观望遥遥无所获好。一旦错过了的就不会再有，所以要珍惜现在想要的，也是珍惜此刻温暖的心情吧！

走出店，继续往前，是一家小小的茶叶店，各种茶被装在圆饼状的小铁盒里，樱桃红的、浅红的、玫瑰红的、浅绿的、墨绿的，同样的铁盒不同的颜色，可是每个看起来都那么让人想要抱回家。偷偷瞄到，柜台前穿黑色 T 恤的男孩子长得很清秀呢！

逛了很多店，有很多的收获，不论是手里的，还是心里的，都觉得是满满的幸福。而空气里依然是甜甜的味道，到后来，我也分不清是花的甜，奶茶的甜，还是笑容的甜。

路边，穿着黑底红樱桃花衬衫的男孩，正拨弄着手中的吉他轻轻弹唱，拨动的是琴弦还是心弦呢？闽南语的歌声在他的口中一字一句倾吐出来，和着那些海浪的声音，显得特别清晰。

他的皮肤因为长期接受日照的关系，健康而又黝黑。白色的牛仔帽，人字夹拖，还有那支让人很喜欢的黑色木吉他。他的吉他弹得算不上十分精致，可就因为淳朴而打动人。

然后，你会注意到它身边的一只大行李箱子，上面摆放着都是录有他所创作的闽南语歌曲的 CD，层层叠叠。你猜得没错，他是一个音乐人。我想又或许他称得上是一个吟游诗人，不过诗句换成了旋律，平仄换成了音符，想要将心中关于音乐的灵魂一点点剥离，展现给世人看。

去过很多地方，看过很多街头艺人，而他却给我留下了特别的印象，永远的，即便是有些沧桑的脸庞却写满了燃烧着生命的热忱，即便是无人问津可依然微笑地唱着那些轻快的旋律。从他的眼里，我看不到忧伤。

我会为他在这样的年纪里还坚持着自己的梦想感到振奋而又惋惜，也许会有人说他不务正业吧？又或许他曾经在这里红极一时，不过此刻没落。但是我却为这样一份坚持的乐观感到很开心。

我还不够能洞察到他的内心，也可能是他太会掩盖心中的伤楚，又或许他真的是一个乐天派。我不想要去打扰他，去探问他的故事，我想有些事情放在心里比较好，每个人的心里都有一个小小的房子，住着一个不为人知的精灵，在心伤的时候去面对着四壁的内心，审视自己的灵魂；在愉悦时，仍然保有心中那份热忱然后淡然地面对。

我离开的时候，他冲我点头微笑，我也回报以微笑。我注意到他的白色牛仔帽檐上，也夹着一朵鸡蛋花，那些代表着少女情怀的东西似乎能够诠释出新的意义，对生活的态度——苦中一点甜。有梦想的心就永远也不会衰老，即便拿着拐杖，即便头发胡子花白，任时光流逝，依然保留着一颗追梦的心。有时候，梦想还真是一个可怕的东西呢！

我记住了你的名字，我想我会记得很久很久，也许有一天，你的音乐力量变得更大、更璀璨的时候，我仍然能够记得在那个小岛上自由自在唱歌的你。

而阿贵，也没有再出现。不知道阿贵到底有没有跟我说过话，可是我会记住在鼓浪屿每一秒的想念与感动。

南靖土楼·围

这是一片土楼群，在福建漳州有很多这样的土楼，它们如同一棵棵蘑菇，从崇山峻岭之间拔地而起。

田螺坑土楼群是里面很有意思的一座，如果登上对面的山丘，从上往下你可以俯瞰到它是由四个圆形和一座方形的土楼组合而成，因为圆盘围着方鼎，所以有了一个形象的名字，叫做“四菜一汤”。它们的历史很悠久，其中居中的方形楼叫做步云楼，是最先动工的，早在嘉庆元年（也就是 1796 年）开始修筑。步云楼也是寓意获得更好的前途的意思，不过不知真是名字起得好还是受到了先人的庇佑，步云楼修筑期间，家族的确有了长足的发展，于是在财力十足的时候又在步云楼右上方的位置修了一座圆楼，叫做和昌楼。到了 20 世纪 30 年代，周边又相续建立了振昌楼、瑞云楼和文昌楼，成了现在我们看到的“四菜一汤”。因为它们巧妙地借用了山势走向而施展布局，所以屹立数百年而巍然不倒，就像客家文化一样，生生不息。

关于田螺坑，也有一个很美的说法，据说这里是田螺姑娘曾经出现的地方。美丽的田螺姑娘为了报答救命之恩而悄悄为穷苦的少年郎准备好一顿又一顿丰盛的食物，直到有一天被发现，最后二人结为连理，而这个幸运的少年郎就是黄百三郎。不知道田螺姑娘是真是假，但是黄百三郎却是实实在在的黄氏祠堂的第一人，正因为他的勤奋聪颖，为黄氏家族的壮大繁荣作出了贡献，而步云楼就是他的杰作。

从近处看土楼，像极了一只变异的超大蘑菇，小小的菌伞是一圈青黑色的屋顶房檐，黄土色的外墙上，只有寥寥几个窗口，像是一只警惕的眼睛从高处侦查任何敌情。也许你认为它很像碉堡，其实也很对，因为在当时，土楼真有防御外敌侵犯的作用。因为土楼源起的唐朝中后期，外寇内贼变多，于是移居在外的客家人不得不将房子建得跟城堡一样结实。

进到土楼里边，像是走进了一座圆形的围城，土楼里居住的都是客家人。大大小小的土楼，是一个个自成一派的氏族公社，上百户人家每天在大小一致的小隔间里日出而作，日落而息，在这里，不担心有谁不认识谁；可是也很可怕，每天看到的都是不变的面孔，每天有机会看到的也只有同样的人，而抬头看，头顶的天空永远只有圆形的一面，像一面镜子，虚假到将心里的那份冲动一击即碎。

没有波澜的生活虽然安稳，可是不会很无趣吗？于是有人想要冲破这样的围城，去找出一片更广阔的天空。可在当时，这样的想法被认为是忤逆而不求上进的。作为客家人的后代，住在土楼里被认为是一种身份族系的骄傲，而只有当土楼容纳不下时，才能离开。这时候，长子的一支会被留在老屋，而其他的儿子则分出去再盖新屋。于是，总有些不愿被祖辈提及的不孝子，憧憬外面的花花世界而偷跑出去，正是这样一群不服输的客家人，吃苦耐劳，用勤劳和智慧，为客家精神书写了新的辉煌的一笔。

号称“土楼王”的“承启楼”也很有特点，高四层，楼四圈，上上下下四百间；圆中圆，圈套圈，历经沧桑三百年。一圈又一圈的围屋，像是画着同心圆，或者是手指头上一圈一圈的螺纹，总让人坠入迷惘而无法自拔。一层又一层，一面一面逼仄而来的围墙，排山倒海的气势让人惴惴不安。

狭窄的巷道里，有带着草帽的客家人挑着担子疾步前进，那身法像是练了绝世武学的世外高人，气息内敛，步法稳健，然后转入到某个角落不见了踪影。听说，土楼的底层是餐室和厨房，二楼是仓库，而三楼以上才是卧室。

圆形的木走廊可以通向这里的任何一家住户，七横八竖的晾衣杆上飘扬的有老式的蓝土布褂子，也有新式的破洞牛仔裤，就像是一个个传承的故事，从古写到今，穿蓝布褂的是老一辈的客家人，他们恪守本分又勤劳勇敢；那穿牛仔裤的就是新一辈的客家人，他们勇于创新，敢闯敢做。

围城一般的土楼，即便禁锢，也有着强大的向心力，就像客家精神的凝聚力，让人们手挽着手，去开创美好的未来。

后记

在厦门，伸开双臂，就能拥抱彩虹；闭上眼睛，就能触摸风流动的痕迹。还想着大口喝过的美味椰汁，温柔的海浪漫过脚踝痒痒的感觉，还有一次又一次走进的那些深巷老宅。因为这一次，有你的陪伴，来厦门，这样一个被风吹过的夏天，有了不再孤单的理由。

当阳光再次照耀到岛上的每一个角落的时候，我想是离开的时候了，在告别前用微笑将这份对爱的保留全归还。我会记住，这里的每一个细节，和每一次感动。

湛蓝的河道里，金色头发的船娘为你撑一只小木船，你抬头看那天，是不论白天和黑夜都永远清朗的天空和流云；渔人码头的美丽建筑在濠江水边形单影只，金色夕阳下，有你纷飞的记忆；大三巴牌坊，还停留在那里，只肯留下那面墙接受着来访人的合影和留恋。

那个女孩送你的莲花是不是还含苞待放？你手中的筹码是不是还在绿色桌面上翻转？你追逐些什么？你又逃开些什么？那些美丽，一旦错过，就没有机会重来；那些真爱，一旦离开，就不会回来。在平行的时空里，有一瞬，只为在对的那一刻，相遇。每一刻的你，都有不同的美，而我，需要的，只是驻足欣赏吗？

这里，是澳门，一座充满葡式风情的中国小城。

在你所看不到的转角，有纤细的温情，在斑驳陆离的色彩里扩散，丝丝缕缕。

迷失

Chapter 10

澳门

威尼斯人·金色假面

即便是虚幻，也是美得叫人窒息的地方。

即使你知道，那些峙立在河岸的统统只是扁扁的一面墙，你还是忍不住要去触摸那些斑驳的痕迹；即使你知道，这水的湛蓝不过是河道下巧妙的铺陈，可还是对那片蓝迷恋得死心塌地；即使你知道，这美丽城池之下是一个坠入铜臭深渊的无底洞赌场，你还是想要一探究竟。

世界上有这么多不真实的场景，可是你还是承认它的明妍；世界上有那么多戏说的电影，可是你还是要承认它让你潸然泪下过；世界上有更多的谎言，白色的、黑色的和混杂到不可辨别颜色的，而很多时候你选择相信。

真真假假都不过是你片面中的认定。就像这座威尼斯水城，其实是一条名品购物街，却完全复刻了意大利那个水城威尼斯的全部细节，冰蓝色的水道，系红色领巾，穿黑白条海魂衫的船工，临水砖墙，水上的桥，桥上的花，除了少一丝陈旧和厚重，你几乎找不到其他的区别。但是静下来，你会注意到，水是真的，楼是假的，船工是真的，鲜花是假的，还有那一片永远清朗的天空，是假的，

却比真的还要美，美到叫人窒息。

只是，当我买下那张贡多拉船票的时候，我决定选择沉浸在某个被复制的甜梦里，做一刻也不被侵扰的美梦家。倚在灰蓝色的柔软靠垫上，水影潺潺，冰蓝色的水面呈现出粼粼柔光。留恋两岸高高的古典建筑，为我撑船的那个黄胡子的胖叔叔，在唱一首老歌《桑塔露琪亚》。你知道吗？听说，这不是人名，而是威尼斯火车站的名字。

声音很柔和，带着暖暖的情意填补了这个复刻城邦的每一个沉默缝隙，在被虚幻和真实所混淆的世界里，这是你选择相信美好，拥有清朗心情的慰藉。你没有孤单的理由，因为每一个温暖的微笑都是真实的，他们比楼上永不凋谢的花朵更为永恒、可靠。

每个人，都应该找到自己的威尼斯，不论是真实的也好，复刻的也罢，都是爱你的人想要为你营造的心灵的天堂，他们想要你快乐，想要你幸福。至少，你应该让自己找到这样一座城，因为每个人，在生命长久的单程旅行中，要一个人前进。可是，我们还要寻找自己心灵的寄托，那是一片荒芜地，是一个梦想城，还是一个爱人？不管是怎样都好，把根深埋在那里，然后，才不会是无根的浮萍，随水逐流，浪荡漂泊。我们在那里，留下我们的责任，用一份负担去换来此生的安宁，然后坚定地，充满希望地走下去。

在河道的转弯，你举起相机，“咔嚓…咔嚓…”，留下的是和别人照片里一样的画面，却是带有你独特 logo 跟味道的底片。你眼中的这座城什么模样？是纤细腰肢，还是高亢歌喉？是柔媚女人，还是英气男儿？

小运河上，古典又繁华的廊柱，我们穿梭在弯弯曲曲的拱桥侧，红色墙面，粉蓝色拱顶，粉绿色窗棱，这是水粉画独有的清新和透明。楼上那场华丽的演出，有穿着中世纪百褶丝绒复古长裙的女人在为你唱一出歌剧魅影。小桥上踩高跷的白衣主教，抹着白色面皮，一身纯白长袍，在你所不会注意到的某一刻，用寂寥的眼神注视远方，然后又迅速转入滑稽的表演和夸张的大笑。我以为，那是某个片想的放空。把自己的灵魂抽离，把悲伤的情绪深埋，然后，才有足够的空间装腾新的记忆。

这是一张美丽的金色面具，那男孩想要对女孩表白，可是那些满是勇气和爱的话语全被女孩心在别处的思绪所淹没。面具上镶嵌的白色羽毛和面具下那一双忧伤的眼睛，才让人心疼。一段情的彻底结束是不是要以另一段情的开始为终点，一个人的回忆是不是要全部清空才能装下新的情感和新的自己。

像现在，我独自坐在贡多拉的小船上，被美丽的不真实的场景所打动，被奢华外表的表演所惊喜，还会惦记那些回忆吗？在另一角，那些天空渐变成了美丽的玫瑰色，那是霞光下的威尼斯，是我今天旅行的尽头。浅灰的水渍大概还惦记着石柱上的雕画，有虫蚁正辛勤地穿梭；耽溺于恋爱中的男女在立柱后谈情。我呢？只是偶尔想起那些美丽记忆罢了，而且，只是越来越淡。

这不是一座城，只是一条街。万事万物围绕着游客打转的娱乐中心，船票要用澳币或是港币买，周边林立的奢侈品店正用疯狂的折上折窥伺你的钱包，楼下还有全年无休的 24 小时赌场等你奉献一把。但，请相信，他们都曾对你真诚的微笑，为你唱最动听的歌，摇最棒的船。

为什么这个威尼斯的天空永远那么湛蓝？因为，它想要让迷失了心智的人们不至于绝望。

新葡京·谁的帝国

新葡京酒店，总是这里的地标。像是莲花一般挺拔绽放，不论从哪个角度看，都很美，甚至在一江之隔的珠海，你也能看到它的存在，在夜色中独自妖娆。

酒店大厅，陈列着各种奢华藏品，全部都用不菲的价格续写着自己血统的高贵和矜持，可又有多少真实？真实的不是那些名牌，而是是否找到属于自己的这份价值。我注意到那颗 219 克拉的无暇裸钻，折射出来的光芒洒落眼眸，总觉得耀眼万分。世界上，竟然还能有这样美丽的石头，虽然也许饱蘸着血和泪。我想到，不知道地球消失以后，这颗石头，还会不会记载着零星信息，一直漂泊在浩瀚的宇宙中。如果会，那可不可以帮我记住今天，也许，今天就是永远。

新葡京的周边，有各种名字拗口的小道，狭小闷沉却招牌林立，那里的大大小小的典当行密集得

惊人，它们就藏在那些小小招牌下，像是从厚厚镜片里伸出一对浑浊眼睛向外窥探的怪人。可是，那里陈列的大量名表、钻戒却会叫你再次叹为观止。

那些输得身无分文，两眼通红的无妄赌徒，褪下祖传的金戒指、绿玉镯子，甚至不惜把老婆娘家的彩礼拿来抵押，从柜台上领

到钱后又鼓着一双满是血丝的眼睛再去赌桌前，鏖战风云。

正义、邪恶，帝国、没落。那张绿色桌子上堆高的砝码，是你用过去的一切辛苦所换下来的珍贵东西。你为它疲于奔命，每天隐忍在工作的边角，对压力只字不提。你舍弃了亲情、友情和爱情，换来了金钱、地位和名誉，即使是这样，你还想要把它们堆放在这些陌生的地方，让那些陌生的人、冰冷的面孔恣意打量吗？

你意气勃发，一掷千金的豪迈，打动不了谁，也没有人觉得你是一个英雄。你赢得大笔钞票的时候，你以为你眼前的所有都将沦为你的所有，成为你的帝国？其实，你一无所有，你失去了为未来拼搏的意志，失去了对人生的美好追求，你总会有失手的一天，然后，你就真没有剩下些什么了，连钱也是。

在街道的一角，我斜前方 45° 角的位置，我看见一个女孩在低声哭泣，抱着她的杂色小狗。我给她递过去一片纸巾，她看着我，却没有接。

我问她："你为什么哭泣？"

她说："为什么要告诉你？"

好呛的孩子，可是那双眼睛却叫人无法放弃，像漆黑夜里的星火，闪着倔强。于是，我不再说话，只是安静地陪在她身边，也许这样就够了吧。如果是我，我想这个时候，总希望有一个人，能在我身边，就算什么话也不说，就会觉得很安全。我是这样害怕孤单的人，这个孩子应该也是这样吧？

许久之后，她哭够了，站起身来，对我说："你想听悲惨故事的话，我可以满足你，可是谁会知道那到底是真是假呢？"字里行间都是酸刺的味道。

我有点惊愕，这个孩子，不过十六七岁吧，讲话倒是不留余地，有一种让我不知所措的成熟和咄咄逼人，我只好再三解释说：“我没有这个意思，真的。不过如果你累了或者渴了，我可以请你吃好吃的。”

她没有回答我，只是问我：“你吃过榴莲味的冰淇林吗？”我说“没有”，她说：“那我请你吃吧！”

我想要反对，却好像没法拒绝。她掏钱要了两支冰淇淋，声音很响亮。看来，她的确很善于掌握主动权，我却完全被动了。明明是我感到抱歉，打扰了她释放情绪的心情。少了泪痕的她又觉得内疚，脸上还有稚气未脱的孩子气，可又盖不住那一点点的世故和狡黠。这样的孩子，一定有不想向人诉说的故事。可是我，凭什么闯入她的私人空地，知道她的秘密。也许这是她的伤口，不然她为什么哭？这样探听别人是非的我，还真是不可原谅。

在夕阳下，有了我和她的两个身影。那支冰淇淋，是我从没吃过的好吃，每咬下一口，都有饱满的榴莲肉果粒破裂，释放带着恶臭的香味，混合着柔滑的牛奶在舌尖流淌。

她突然开口说：“我在找我爸，他又失踪了……”我惊诧地望着她，不知道该说些什么。她只是惨淡地笑：“他肯定是赌钱欠了账，躲到什么地方去了。”我虽然可以想象，可还是没有掩饰住内心惊诧的同情，显然，这一点也逃不过她的眼睛。“喂，你干嘛那副样子，不用想要安慰我，同情我，我才不需要，我巴不得他死得老远去才好。

这个孩子，故作轻松地说出这些，我却可以触到她疼痛的心。我明白她的难处，也理解了她为什么浑身是刺的模样，那不过是蜷缩在盔甲里的自我保护而已。她说得再尖酸刻薄，我也相信那不是她的真心话。我想问你妈妈去哪里了？但却没有问出口。她只字不提，已经是最好的解答。

“你别看我这个样子，我家原来也是很富有的好不好，我爷爷当年开赌场，那阵势说出来吓到你，几百个桌子，日日夜夜都那么多人，钞票堆在墙角发霉。”她有点急切地说出这些话，我小小地吃惊，可是，突然能看到她还有这样孩子的一面，就觉得很安心。就算她装得圆滑世故，终究还是一个孩子。

“可是，后来他找了一个夜总会的妓女，天天黏在一起，不管生意，后来生意垮了，还欠了一屁股债，那个妓女走了，再也没看到他的人了。我们家就到处躲债，再没有好起来。别人说他自杀了，谁知道呢？”

我不说话，只是呆呆地站着，在她身边，新葡京大酒店边，旧年的杂货铺前。对于赌这个字，置身事外，避而远之，比什么都好。看天边的晚霞绚烂得如同满天落英，正把夏日一截一截地留短。

官也街

那女孩说：“作为报答，你请我吃点什么吧！”我说“当然好”，也许美好的食物，是让人忘记痛苦的最佳良方。

她带我来到一条小街，路牌指示这里是官也街，里面人声鼎沸，道路依旧狭小，招牌却栉比鳞次，满溢着食物香味的店铺一家连着一家。

“你看那边的钜记饼家，味道还不错。这个，大利来猪排包，也还可以。”

“盛昌水蟹粥，原来料蛮足的，现在就不知道了。”

她走马灯似地给我推荐着这条街的各种名店和美味。

“你看，澳门人也是很懂得生活的，这里的店都是限时供应。”说完，我看到她眼里一丝不易被人察觉的快乐，似乎，这些懂得生活的规律是她秘密的一部分，值得骄傲，值得纪念。

“快来，快来，这边排队，这家味道很好的，平时人超多的，我们快点排队。”她一个箭步冲到我前面，我心里觉得一点高兴，我想，还是这样子的她最好。

领到号牌，她挑了张桌子，和我各点一碗蟹粥。苍白的脸庞绽放着白茉莉的幽香，却冷冷的，少了笑容，其实我想告诉她，她笑起来的样子真的很好看。每次停下来的一瞬，就会抱起胳膊，那是一种缺乏安全感的暗语吗？我的确看见她瘦削肩膀的萧瑟。她的眉眼还没完全长开，却是一脸不认输的倔强气，我觉得很喜欢。怎么看，都很耐看。

我问她要不要再来点什么，她只是摇了摇头，却问我，介不介意去喝一杯。我知道这样年轻的孩子不应该喝酒，可是却不忍心拒绝。她，会喝酒，是爸爸教的吧？是不是因为女孩子只有懂得了酒的滋味，才不会被灌醉。片刻间，想起跟她一样的一个孩子，一样单薄，把酒当做一种技巧。

她有过自己的伤痛，因为我注意到，她常常努力抿紧嘴唇，不想要回想到更多。好多个瞬间，我都在怀疑，那个女孩子，是不是另一个伊莎贝拉，彭浩翔导演镜头下的那个孤独无助的孩子。伊莎贝拉，上帝的承诺。上帝承诺过什么？她又期许些什么。她与我同行一段，然后带着她的那只杂色的小狗，离开。

我看到蜜黄色的路灯下，她的影子被拉长，在大片绿色树影下，有了生动的味道。

我游走在澳门的大街小巷。新马路，总能看到薄荷绿或是柠檬黄的房子，草莓蛋糕一样的卷边和光洁如初的黑色大理石地板。随便一个角落，都有一棵开花的树，郁郁葱葱地掩盖着树下的房子。一树的玫红花瓣，招摇着南洋的妩媚，是饱满额角，是浓密睫毛下掩盖不住的那双魅惑的眼睛。

在闷热的夏天，只身行走在逼仄街道的少女，踢翻脚边那个墨绿色酒瓶，从大背包里使劲翻腾着找一个打火机，为浪迹天涯而准备的徒步鞋，这些，似曾相识的熟悉，不曾忘记的陌生。

每个人，也许都有过残酷、叛逆又执拗的过去，也许它爆发得彻底决裂，也许只是掩藏在你循规蹈矩温顺乖巧的外表之下。我不相信，你会没有过一刻的，一刻，就算只是心底掀起的那层浪涛，我都相信，那才是没有白白过去的年轻。

其实，我们，依然年轻。

我记得这里的美丽滋味，也怀念那个女孩。

SALVE PAGO PISCATORUM

渔人码头·为谁停留

时间的经过，就像流水，为谁哭泣，为谁停留。

澳门，回归已经十几年了，她停留了什么？又改变了什么？

当时间挟带着忧伤和快乐的诉说席卷而过的时候，澳门从来也没有停留在原地，她一直都在改变着，像自己，又不像自己。东方的脸孔，西方的妆容。有人说，她是不是已经迷失了自己？也有人说，这不过是顺应时代的改变，有什么不好？

渔人码头，在很多年前，不过是一个真正的只有渔人和船只的码头，当濠江水轻轻走来的时候，那些船只的桅杆上还有褪去胭脂色的红灯笼，水上荡漾着红绿的倒影，浮光之下，有暗影一掠而过，不知道是水鸟还是蝙蝠。那些未散去的暑气在空气中一直弥漫，三三两两的人群也还没有散去，他们钻进深深的巷子，看深夜里做着手工的妇人，看那些有漂亮异域风景的印染花布和挂毯。亮白的毛玻璃灯还有烫手的余温，那是燃烧了一整夜的激情。

而现在，渔人码头彻彻底底是一个让所有人都真切喜欢的休闲地。每个周末，都能看到一些小直升飞机从头顶的低空飕飕地飞过，那是来自香港的富商或名媛来渡私人假期，他们要在澳门度过一个无人打扰的悠然周末。渔人码头，也许只是缘起于旧金山的一个舶来品，却在澳门有了新的感动。

当我走进那条弧形街道时，那是新的一天。行色匆匆的人们，从码头穿过，他们是这个城市忙碌的人群，给身后这片金碧辉煌的城市奉献青春，梦想和记忆。沉寂了一宿的澳门走到了寂寞的尽头，一圈圈涟漪漾碎了濠江的悠长寂静。

我喜欢这样浓浓的西班牙情调，棕色木板的码头，似乎还在散发着桐油的味道，围栏的尖角，有撑起鱼竿的草帽老人，有打捞水草的保洁工人，天上的流云，在水里漂。巨大的鲨鱼被悬吊在半空，我想要把它留在我照片的背景里。远方有硕大的木船泊在水岸，像是经年不变的古老沉船，在水底沉睡了几百年之后，苏醒过来，筋骨依然健朗，面容却有了许多沧桑痕迹。是不是哪个守着巨大宝藏的船长，把那些无法解开的秘密记载在厚厚的羊皮卷上，可是那些暗号，人们穷极一生，也找不出解答。

你曾遇见过谁？你曾记起过谁？那些暖暖的咖啡香气还在空气中酝酿发酵，巴比伦里那些分发筹码的小工依旧精神抖擞等待着下一批赌徒的到来。罗马城有穿着洁白婚纱的新娘低头等待着巨大黑色镜头的捕捉。你身边的那个人有没有在？他有没有拂过停留在你眼睫的尘埃，他有没有答应你要再陪你看最美的日出？

我喜欢这些异域风情的建筑，带着澳门的温情，带着海风的涩和甜，全部落在我心里。

那些穿着大鸵鸟或是大熊道具服的人热情地围绕着，他们用永远灿烂的廉价笑容向你渲染并不廉价的快乐。快乐之所以珍贵，是因为你时常面无表情，即便是笑，也不全是发自内心，所以很多时候，你宁愿紧闭嘴唇，不再笑。

他们扮丑耍宝，用最滑稽的姿势和你拍照，想尽办法逗你开心，这一切都是免费的。他们的笑也许很廉价，一直嘴角上扬的弧度很标准，露出雪白的牙齿，脸颊也许会僵硬，但他们是为来到这里的人们贡献免费笑容，努力想要你变得快乐。于是，你终于露出微笑，是发自内心的那种。

焦灼的空气，粘连着胶鞋底的炽热地面，那时候的我们脸上发着烧的滚烫；那时候的我们，坐在岸边的礁石，看鱼儿乱跳，看鸟儿归巢，你说那个要落下的太阳在洗澡。我记得，我全部都记得。

也许渔人码头，从来没有奢望过你或者别人在来到这里以后，会得到什么，又会带来什么。只是在很久以后，你相信了，这座城，只是在静静伫立了450多年以后，依然小心翼翼守护着那份纯净；你，只是在静静等待了很久很久以后，依然保留着一份对纯真与真爱的执着，那，就够了。

我喜欢站在这里，面朝大海，心暖，花开。

格兰披治·急速狂奔

从友谊大马路，到海边马路、马交石炮台马路，再迂回到友谊大马路，这条 6.2 公里的街道的常态是平庸而和缓的，只是到了一年一度的格兰披治 F3 大赛的时候，却变得不一样。英气勃发的车手，成千上万的游客，以及数不清的美女和香槟，都在这觥筹交错间，在这条东望洋车道呼啸而过，炽热燃烧。这里，据说是世界上最美丽的赛道。

不论澳门的天空变幻过什么样的色彩，这项已经举行了近 60 年的赛车盛事都从未间断。1954 年，三个志趣相投的葡籍澳门居民比度、施利和安达斯，在澳门筹办了一项汽车赛事，当时的他们一定没想到，这个叫做格兰披治大赛车的比赛会变得如此炙手可热，成了澳门不可或缺的一部分。也许是因为这片土地上的人们，血液里本来就暗暗流动着一丝不羁和疯狂。

据说，澳门是世界上唯一一个采用街市赛道的地方，因此也才更加惊悚刺激。因为高高围栏的街市比普通赛道更加让车手失去安全感，狭窄，不平坦，全都是不可测的危险因子，他们时时可能出来兴风作浪，那么车身颠覆这样的事就是再正常不过了。

可是，格兰披治的确是一项叫人热血沸腾的比赛。赛事期间，来自世界各地的新老车手都摩拳擦掌，跃跃欲试。另一边，密布在澳门的各大 F1 豪门车探们也都蠢蠢欲动。这是年轻车手走上梦之旅的踏脚石，也是车探们挖掘新人的绝密寻猎地。他们嗅到了澳门上空微蓝的海风，嗅到了马达燃烧高温之下的淡淡焦灼，也嗅到了年轻车手独具魅力的荷尔蒙的味道，清爽又叫人迷恋。

几乎所有的 F1 赛场上的英雄都从格兰披治崭露头角 。1990 年，因为一场撞车事件，德国人舒马赫战胜了当时还稚气未脱的芬兰小子哈基宁，此后的 9 年里，这两个终极对手在 F1 争得你死我活，相续蝉联冠军。1995 年，小舒马赫也是在格兰披治夺冠后，再次被 F1 车探相中，于是走进 F1，和哥哥成了赛场上的对手。

但是，最让东望洋车道怀念的车手还是已经仙逝的“车神”埃尔顿 · 塞纳。这位被公认为世界赛车史上最有天赋的车手在 1983 年的格兰披治大赛中就显示出了非凡的驾驶技术，毫无悬念地夺冠，并在进入 F1 后的 1988、1990 和 1991 三届比赛中都夺得总冠军，可是，越是天赋高的人却越容易被命运作弄，塞纳在 1994 年 F1 圣马力诺分站比赛时意外车祸去世，结束了他如日中天的赛车手生涯。

赛车，本来就是用生命做赌注的一场赌局。赛车手们，应该是因为狂恋这样一种速度带来的刺激吧？不然怎么舍得用一程生命去交换一个热情？我不够懂得赛车的意义，却享受速度带来的愉悦感和孤独。国际三级方程式赛车，在这里举办的原因，我想我有一些理解了。那是和这个城市的灵魂所契合的内容，是肯放手一搏，不顾后果的悲壮。

硝烟弥漫的赛车场背后，暗角里的纸醉金迷也开始潜滋暗长。靓丽的车模用暧昧的笑容炒热了现场的火辣，各个夜总会都在闻风而动，大开店门做生意。暗夜里，灯红酒绿的谄媚笑容是合法禁药。所以你可能听说过当年的葡京酒店里疯狂的巴黎艳舞演出，金发碧眼的法国女人，美艳绝伦，浅唱狂舞，直到把威尼斯天空上那道瑰丽的晚霞烧到了每个人的脸上。

当大赛落幕，当那些障碍护栏层层拆除干净，赛车巨大轰鸣声悄然隐去，格兰披治大赛给澳门带来了什么？大赛车博物馆内，有20世纪50年代的莲花赛车、葡萄牙前殖民地总督的座驾，“车神”塞纳和舒马赫的F3战车以及许多赛车现场的珍贵图片和纪录片。

这里的落寞，也预示着别处新升腾起的繁华，他们从来都是此消彼长，不离不弃的。每每心底又升出一丝困惑，但随之又被那些灯红酒绿的现实燃烧殆尽。如果不知道什么地方才是你的真心，我想说，那应该是，每时每刻。

大三巴牌坊·地图的种子

如果给你一张地图，你还会不会迷路？如果给你一对翅膀，你会不会飞行？如果给你一个期许，你是不是会让这颗种子在心里扎根，发芽，开花，却结不出果实？

在大三巴，我们也许可以看见西方文明进入中国的源头。1583年，著名的传教士利玛窦在这里，将世界地图改绘成了《万国图》，加上中文标识，送给了中国政府。那，也许是新的世界文明带来的撞击，轻微，细碎，却带着一丝硝烟的味道。

1569年，地点是澳门的大三巴，这附近建起了一家名叫圣加扎的西医院，于是西医、西药开始用涓涓细流的方式源源不断地灌注进中国这片土地。葡萄牙医生戈梅斯也将“种牛痘”从澳门引入中国，为医治当时视为绝症的“天花”作出了巨大贡献。大三巴附近的“圣保禄学院”也是东亚最早的一所西式大学，除了进行传统科学知识的讲述外，也把东方文化教给来到澳门准备去往中国各地传教的传教士们。

我想，最初的国民交流一定是质朴的，少有侵略和野心。他们或者是传教士，或是医生，或是学者。传教士们也许有着宗教的野心和使命，他们想把自己的信仰告诉给更多的人，感染更多的人，但他们所作出的善举和对当地文明开化所作出的贡献也是可以褒奖的。只是，等到军队进驻，权力者想要把这些地方纳入自己的领土和势力范围时，这些异国交流变了样。

你眼前的这座大三巴牌坊，早已失去了完整的身躯，只有一面墙，尽管依然雕工精美，气势恢宏。你甚至能从那些细小的刻画中，窥看到当年的美貌。

1562 年，葡萄牙人在澳门建了这座哥特式教堂，起名叫做“圣保禄”教堂，因为用地方话念很像“三巴”，所以澳门人都叫它做“大三巴教堂”。可惜，这个教堂多灾多难，而且与火结下了不解之缘，先后两次都毁于火灾，1602 年因火灾重修，修了 35 年才算完成，是当时东方最大的天主教堂，号称“东方梵蒂冈”。可 1835 年又是一场大火，让这座教堂付之一炬，只剩下了一张沧桑的脸孔——耗资 3 万两白银的那块前壁，也就是你眼前的这个样子。

大三巴，尝过中华民族血泪的味道，带着咸酸和苦涩。因为输入中国的鸦片，最早就是从大三巴下的港口，由葡萄牙人运进来的，那

些鸦片数量巨大，每年都有 2 万多箱，当巨大的木船上，一只一只沉甸甸的箱子卸下港口时，同时卸下港口的还有无穷无尽的灾难。随之远去的是民众的金钱、健康和斗志，鸦片的腐蚀让这个民族变得更加困乏，无力抵抗。

鸦片战争后，葡萄牙也跟随其他列强一起攻城略地，对澳门实行殖民统治。而大三巴附近的花王堂街曾经是臭名昭著的“猪仔街”，沿街300多家馆所的几万外国人都在从事着贩卖华工的勾当。不论是诱骗、绑架还是强制买卖，数量庞大的“猪仔”被输出到世界各地，死于海上，死于折磨，死于无穷尽的苦难。直到1946年，解放的暖风似乎还没有刮到这个小岛，不知死活的人们，还躲在这里，享受着屈辱历史带来的最后一点飘飘欲仙，一点纸醉金迷。那时的澳门，吸食鸦片依然是合法的。

还好，所有的坏的、苦难的，都有一个尽头。如今的澳门，是洁净、美丽的新城。当停留在长长石阶上的一群白鸽嗖地飞上天空的时候，那些过去的还没有过去，现在的还要继续。我们需要铭记，需要珍惜。

从长长的阶梯往下走的时候，我看见了澳门的真实，古老又现代的真实。澳门，有一份条目不甚明晰的履历，夹带着葡萄牙的俚语，变幻莫测的曾用名或代号，穿越着古今的错乱，依然遗世独立。

澳门的苍凉已经消失，连同那些脸孔被风吹日晒变得沧桑的葡萄牙人，那些头上盘着大辫子，干瘦的大清子民，走下航船。长期漂流在海上的失重感让他们走起路来还踉踉跄跄，可是他们费尽全力修建起这条街、这座城的时候，一深一浅的一长串脚印也留在了澳门的历史中。

后记

也许，你所遇见的澳门，不过是那页画册的某个温暖折角。

回眸的，不是前世今生的风尘；遥望的，不是未知路途的希望。只有这个瞬间，你遇见的她，就是现在这个样子。也许，一切都对了。

我所见到的澳门，就是这样子。奢华靡丽的赌场外，有穿着绿色背心的女孩子踮起脚尖，在等待做发牌小工的母亲出现；官也街的背面，绿色榕树撒下一身的斑驳，老澳门就在这里咬下一口杏仁饼，脆脆的，清香的。这里，撇开喧嚣光洁的筹码，光怪陆离的名品折扣，手中还有一个葡式蛋挞，甜糯又瓷实。澳门，其实是一个很慢，很慢的地方。

澳门很小，小到你想要逃开一个人，却在下一个街口碰到。世界又很大，在你想要搜索那个影子时，轻易地，就让你们再也见不到。

我想，我喜欢这里，在高耸的大楼以外，在落雨的屋檐下，渐渐，那些被我们称之为爱的东西，被混为一谈。

图书在版编目（CIP）数据
声行漫步：独自旅行不寂寞 / 朵拉编著. —北京：北京大学出版社，2014.6
ISBN 978-7-301-23809-7

Ⅰ.①声…　Ⅱ.①朵…　Ⅲ.①城市—旅游指南—中国　Ⅳ.①K928.5
中国版本图书馆 CIP 数据核字（2014）第018959号

书　　名：声行漫步：独自旅行不寂寞
著作责任者：朵　拉　编著
责 任 编 辑：张亚丽
标 准 书 号：ISBN 978-7-301-23809-7 / K·1017
出 版 发 行：北京大学出版社
地　　址：北京市海淀区成府路 205 号　100871
网　　址：http://www.pup.cn　　新浪官方微博：@北京大学出版社
电 子 信 箱：pup_6@163.com
电　　话：邮购部 62752015　发行部 62750672　编辑部 62750667　出版部 62754962
印 刷 者：北京大学印刷厂
经 销 者：新华书店
880mm × 1230mm　32 开本　9印张　230千字
2014年6月第1版　2014年6月第1次印刷
定　　价：44.00 元（含1CD）

未经许可，不得以任何方式复制或抄袭本书之部分或全部内容。
版权所有，侵权必究
举报电话：010-62752024　电子信箱：fd@pup. pku. edu. cn